Jean Moïse Mbog Baya

La promotion de la paix par le dialogue interreligieux

Jean Moïse Mbog Baya

La promotion de la paix par le dialogue interreligieux

Le cas de l'association camerounaise pour le dialogue interreligieux (ACADIR) dans la ville de Yaoundé, de 2006 à 2020

Éditions Croix du Salut

Cover image: www.ingimage.com

Publisher:
Éditions Croix du Salut
is a trademark of
Dodo Books Indian Ocean Ltd., member of the OmniScriptum S.R.L Publishing group
str. A.Russo 15, of. 61, Chisinau-2068, Republic of Moldova Europe
Printed at: see last page
ISBN: 978-620-3-84236-4

LA PROMOTION DE LA PAIX PAR LE DIALOGUE INTERRELIGIEUX, LE CAS DE L'ASSOCIATION CAMEROUNAISE POUR LE DIALOGUE INTERRELIGIEUX (ACADIR) DANS LA VILLE DE YAOUNDÉ, DE 2006 À 2020.

Jean Moïse MBOG BAYA

DEDICACE

A mon regretté père : BAYA MBOCK Pierre Simon.

A ma mère NGO KINYOCK Pauline Florine.

Dont l'affection m'a aidé à grandir.

A mon épouse : Christiane Isabelle MBOG BAYA.

A tous mes enfants MBOG BAYA.

Dont l'amour et la joie illuminent mon quotidien.

A tous les membres de MISSION CLARITE, association chrétienne que j'ai fondée en 1999.

REMERCIEMENTS.

- Dieu pour son appel.
- Le Directeur du mémoire Rév. Dr. Lucas MOUNDE ;
- L'ACADIR en général et en particulier aux membres suivants pour leurs conseils et encadrement :
- Au Père Jean BESSALA.
- Au Père Maurice Nicole ATEBA EDZANA.
- Rév. Dr. Paul MBENDE NGANDO, Secrétaire Général du CEPCA.
- Cheikh Oumarou MALAM DIBRING, Président du CSIC et Président du Conseil permanent de l'ACADIR, Yaoundé.
- Père ELEUTHERIOS HEMOGA LAIS, Chancelier pour l'Afrique Centrale de l'Eglise Orthodoxe.
- Dr. Abbé Etienne ETOUNDI ESSAMA, Président du Bureaux Exécutif de l'ACADIR, Enseignant à L'UCAC.
- Abbé Benjamin AMOMBO ALIMA, Secrétaire Générale de l'ACADIR, Antenne du Centre et aumônier d'EKOAN MARIA, Yaoundé.
- Monseigneur l'Archevêque Métropolitain de Yaoundé, Jean MBARGA.
- Rév. Pasteur Jean de Jaurès MBOUA LIKENG.
- Rév. Pasteur Abraham Frank LIMBOHO.

RESUME ET MOTS-CLES.

Ce mémoire intitulé : La promotion de la paix par le dialogue interreligieux, le cas de l'Association Camerounaise pour le Dialogue Interreligieux (ACADIR) dans la ville de Yaoundé, de 2006 à 2020 est un travail de recherche qui pose le problème d'un manque de dialogue interreligieux qui aurait pu amener les adeptes des différentes religions co-existantes dans la ville de Yaoundé à se connaître et à s'accepter mutuellement. La lutte pour le contrôle des fidèles et les aspects financiers sont à l'origine des menaces à la paix et des troubles à l'ordre public. L'objectif de la démarche qui consiste à dialoguer pour apprendre à connaître l'autre, le respecter malgré la différence qui nous sépare de l'autre, s'accepter mutuellement. Ainsi, le vivre ensemble sera épanouissant pour tous et pour chacun. Comme hypothèse de la recherche, nous supposons que le dialogue interreligieux est possible dans la ville de Yaoundé. Les approches méthodologiques ont consisté à la collection des informations à partir des sources orales, des sources écrites, des enquêtes et des interviews. Les idées directrices étaient que si l'on considère les trois religions de source Abrahamique que sont le Judaïsme, le Christianisme et l'Islam, le rapport que les trois monothéismes entretiennent avec les autres religions peut s'appréhender de deux façons : on peut s'intéresser d'une part aux relations qu'elles établissent les unes avec les autres, d'autre part à leurs tendances prosélytes. Les résultats sont les suivants : une étude sur la promotion de la paix au travers du Dialogue Interreligieux dans la ville de Yaoundé a été réalisée ; la contribution de l'ACADIR dans ce processus de la mise en œuvre du dialogue interreligieux dans la ville de Yaoundé a été évaluée, et des opportunités pour l'élaboration d'un Pacte de cohabitation pacifique entre les religions dans la ville de Yaoundé ont été identifiées. Ceci nous permet d'organiser notre travail qui commence par une Introduction Générale, suivie de (04) quatre chapitres, d'une conclusion générale, d'une bibliographie sélective et générale, puis des annexes.

Les mots clés sont : **cohabitation, dialogue, paix, prosélytisme et syncrétisme.**

SUMMARY AND KEYWORDS.

This thesis entitled: The promotion of peace through interreligious dialogue, the case of the Cameroonian Association for Interreligious Dialogue (ACADIR) in the city of Yaoundé, from 2006 to 2020 is a research work that poses the problem of a lack of interreligious dialogue which could have led the followers of the different religions co-existing in the city of Yaoundé to know and accept each other. The struggle for control of the faithful and the financial aspects are at the root of threats to peace and disturbances to public order. The objective of the process which consists of dialogue in order to get to know the other, to respect him despite the difference that separates us from the other, to accept each other. Thus, living together will be fulfilling for each and everyone. As a research hypothesis, we assume that interreligious dialogue is possible in the city of Yaoundé. The methodological approaches consisted of collecting information from oral sources, written sources, surveys and interviews. The guiding ideas were that if we consider the three religions of Abrahamic source that are Judaism, Christianity and Islam, the relationship that the three monotheisms have with other religions can be understood in two ways: we can try to be interested on the one hand in the relationships they establish with each other, on the other hand in their proselytizing tendencies. The results are as follows: a study on the promotion of peace through Interreligious Dialogue in the city of Yaoundé was carried out; the contribution of ACADIR in this process of the implementation of interreligious dialogue in the city of Yaoundé was assessed, and opportunities for the development of a Pact of peaceful cohabitation between religions in the city of Yaoundé were identified. This allows us to organize our work which begins with a General Introduction, followed by (04) four chapters, a general conclusion, a selective and general bibliography, and then appendices.

The key words are: **cohabitation, dialogue, peace, proselytism and syncretism**.

SIGLES, ACRONYMES ET SIGNIFICATIONS.

AAC: Anglican Church in Cameroon.

ACADIR : Association Camerounaise pour le Dialogue Interreligieux.

ACRL-RfP : Conseil Africain des Leaders Religieux.

ACTC : Assemblée Chrétienne des Témoins de Christ.

AEF : Afrique Equatoriale Française.

CAT : Cellule d'Appui Technique.

CBC: Cameroon Baptist Convention.

CENC : Conférence Episcopale Nationale du Cameroun.

CEPCA : Conseil des Eglises Protestantes du Cameroun.

COCADIR : Conseil Camerounais pour le Dialogue Interreligieux.

Crisis Group: International Crisis Group.

EEC : Eglise Evangélique du Cameroun.

EELC : Eglise Evangélique Luthérienne du Cameroun.

EFG : Eglise Frontières Globales.

EFLC : Eglise Fraternelle Luthérienne du Cameroun.

EPA : Eglise Protestante Africaine.

EPC: Eglise Presbytérienne Camerounaise.

FEMEC : Fédération des Eglises et Missions Evangéliques du Cameroun.

FGM : Mission du Plein Evangile.

FTPSR : Faculté de Théologie Protestante des Sciences Religieuses.

MINAT : Ministère de l'Administration Territoriale.

MINJEC : Ministère de la Jeunesse et de l'Éducation Civique.

MIPADH : Mouvement Interreligieux pour la Paix et le Développement Holistique.

MINPROFF : Ministère de la Promotion de la Femme et de la Famille.

NBC/EBC: Native Baptist Church.

NMR: Nouveaux Mouvements Religieux.

ONG : Organisation Non Gouvernementale.

PCC: Presbyterian Church in Cameroon.

RCA : République Centrafricaine.

RTA : Religions Traditionnelles Africaines.

TCG : Deeper Life Bible Church, la Vraie Eglise de Dieu.

UCAC : Université Catholique d'Afrique Centrale.

UEBC : Union des Eglises Baptistes du Cameroun.

UEEC : Union des Eglises Evangéliques du Cameroun.

UPAC : Université Protestante d'Afrique Centrale.

WWM : World Wilde Mission.

SOMMAIRE

INTRODUCTION GENERALE.

1. Contexte de l'étude.

L'idée de faire une recherche sur le phénomène religieux dans la ville de Yaoundé, naît en nous d'une part, à partir de notre expérience sur le terrain en tant que leader formé, activiste du dialogue interreligieuse, Président de l'ACADIR Antenne du Centre, et d'autres parts, des cours que nous avons reçus depuis notre première année de Licence à la Faculté de Théologie Protestante des Sciences Religieuses (FTPSR) de l'Université Protestante d'Afrique centrale (UPAC) en 2018. Cette recherche porte sur l'Islam. En effet, abordant son cours sur l'Islamologie, le Rév. Dr MOUNDE Lucas [1] dans ses Prolégomènes a posé une question:*« Pourquoi étudions-nous l'islam à la FTPSR »?* Comme réponse à cette question, il a expliqué que*« dans un contexte mondial, le pluralisme est une réalité caractéristique de nos sociétés contemporaines y compris le domaine religieux. Au plan religieux, la différence devient un droit et chacun a le devoir de respecter la différence religieuse qui existe entre lui et les autres. Il nous a laissé comprendre pendant le cours d'islamologie qu'en tant que théologiens, nous sommes censés avoir une idée sur les autres religions qui coexistent. Par exemple, l'islam qui tout comme le christianisme, est une religion transculturelle, universaliste, très engagée dans le prosélytisme».* Et Maud LASSEUR ATER[2]aussi nous révèle que :

> *« Durant les deux décennies qui ont succédé à l'indépendance, le Cameroun a été marqué par l'entrée, sur son territoire, de nouveaux courants religieux dont l'enracinement, l'audience et la visibilité ont considérablement augmenté à partir de 1990. Par rapport à la première époque de pénétration des monothéismes, caractérisée par des vagues missionnaires conquérantes (Jihâd peul d'Ousman dan Fodio au début du 19ème siècle puis implantation de missions chrétiennes dans le sillage de la colonisation), d'importants changements se sont opérés dans les logiques et itinéraires de diffusion transnationale du religieux. »*

Partant de ces dires et de notre expérience sur le terrain, nous avons commencé à observer des faits religieux autour de nous. Les crises diverses qui secouent le Cameroun ont fait qu'une des Organisations Non Gouvernementales comme International Crisis Group (Crisis Group), puisse mener des recherches dans le domaine de la cohabitation des religions au Cameroun, et à l'issue de ces recherches, il ressort de son rapport qu'en 2015 :

---

[1] Lucas MOUNDE, « *Cours d'Islamologie*, Licence 1 » non publié, FTPSR-UPAC, 2018.

[2] Maud LASSEUR ATER, *Islam et christianisme en mouvement : mobilités géographiques et changement religieux au Cameroun,* Espace, Populations, Sociétés, 2010. 2-3, pp. 179-191.

« Au Cameroun, la pénétration d'un islam fondamentaliste et l'essor d'églises pentecôtistes revivalistes, dites réveillées (bornagain), bouleversent le paysage religieux et mettent en place les ferments de l'intolérance religieuse. La pénétration de courants fondamentalistes, combinée aux tensions communautaires, constitue un risque spécifique au Nord et génère une concurrence pour les dirigeants de la communauté musulmane qui a parfois abouti à des conflits locaux. De plus, les différentes religions se perçoivent négativement. Face à ce radicalisme émergent, la réponse de l'Etat et des organisations religieuses demeure insuffisante, et dans certains cas porteuse de risques, car elle se limite à la menace posée par BokoHaram. La mise en place d'une réponse globale et cohérente par les pouvoirs publics et les organisations religieuses est nécessaire pour empêcher la détérioration du climat religieux et éviter des violences à connotation religieuse observées dans les pays voisins que sont le Nigéria et la République centrafricaine.[3] »

Cet état de fait conduit à la prise en compte d'une éventuelle menace de guerre des religions au Cameroun. François HARTOG[4] parlant des religions comme objet de savoir, pense que dans le temps : « *Le phénomène religieux a pu se constituer dès le XIXème siècle, en objet d'un savoir positif. En se démarquant de la théologie au nom de la raison laïque, les sciences des religions ont déployé, à titre de geste inaugural, le principe de la comparabilité entre les croyances et rites les plus disparates.*» Ce savoir positif qui entraîne le principe de comparabilité entre les croyances, permet à Crisis Group de dire : qu'« *au sein du christianisme, l'essor des églises de réveil a brisé le monopole de l'Eglise catholique et des églises protestantes.*» Ces transformations du paysage religieux sont perçues comme problématiques par les observateurs du paysage religieux du Cameroun.

2. Justification du sujet de l'étude.

L'histoire des rencontres des différentes religions présentent au Cameroun laisse penser que la relation entre les religions, et notamment le christianisme et l'islam, n'a pas emprunté un mode historique unique. De nombreux facteurs, composés, théologiques, doctrinaires, culturels et civilisationnels, l'ont placée dans des espaces mouvants, progressant parfois et reculant parfois,

---

[3]Crisis Group, *Cameroun : La menace du radicalisme religieux*, Rapport Afrique de Crisis Group N°229, 3 septembre 2015, page ii.

[4] François HARTOG, *les religions comme objet de savoir, le Grand Atlas des Religions*, Encyclopaedia Universalis, France S.A, 1988, p.44.

ou empruntant le chemin du dialogue et de l'interaction positive, d'autres fois[5]. Ce dialogue ne s'opère toujours pas sans bruit. Selon la même ONG, au sein du christianisme, l'essor des églises de réveil a brisé le monopole de l'Eglise catholique et des églises protestantes historiques. Souvent dépourvues d'existence légale et mal considérées par les catholiques, ces églises prêchent une forme d'intolérance religieuse, s'auto-excluent du dialogue interreligieux et sont hors de l'espace religieux officiel, bien que soutenant le régime pour la plupart. Face à ces nouvelles formes d'intolérance religieuse, les initiatives de dialogue interreligieux sont faibles, dispersées et ne touchent qu'une minorité de la population. Pourtant ces transformations du paysage religieux ne sont pas perçues comme problématiques par les autorités politiques et religieuses du Cameroun, qui sous-estiment leur potentiel conflictogène et dont l'attention est focalisée sur Boko Haram. Ce n'est qu'à la suite des attaques de Boko Haram à l'Extrême Nord que le gouvernement a amorcé des initiatives de sensibilisation tardives et peu efficaces, comme en témoigne la stigmatisation et le harcèlement par les forces de sécurité des populations kanurides villages frontaliers au Nigéria, ainsi que les nombreuses arrestations et détentions arbitraires. Ces évolutions sont d'autant plus préoccupantes que le Cameroun se situe à la confluence de deux conflits à dimension religieuse, la crise en République Centrafricaine et Boko Haram au Nigéria, et en subit les contrecoups[6]. Le cas complexe de la cohabitation des religions au Cameroun est un fait intéressant à considérer. Pour certains chercheurs comme Hamadou Adama, il pense que, la présence islamique au Cameroun est récente, comparativement à la période de son émergence au Nigéria ou au Tchad. Dans le cas d'espèce, le déclenchement du jihad au 19ème siècle s'est davantage traduit sur le terrain par une occupation militaire et se souciait peu du prosélytisme islamique, ce d'autant plus que la conversion des peuples conquis diminue la rentrée fiscale et paralyse en conséquence la progression militaire[7]. Il est donc question de systèmes religieux qui se rencontre et cohabitent dans un prosélytisme conquérant. Entre la Mission pour le christianisme et la Dawa pour l'islam, le défi de la cohabitation entre ces religions annonce l'intrique d'une collaboration pacifique. Dans un contexte où les enjeux politiques, économiques, culturels et religieux croisent ceux de la volonté de chaque système religieux de conquête des fidèles à sa religion,

---

[5]Mahmoud HAIDAR, La théologie du rapprochement : Le christianisme catholique contemporain et le dialogue avec l'Islam, p.1.

[6]Idem Crisis Group.
[7] Hamadou Adama, l'islam au Cameroun entre tradition et modernité, l'harmattan, 2004, p.7.

comment et en quoi consiste cette cohabitation ? Peut-il avoir dialogue entre ces religions au Cameroun?

3. Délimitation du sujet :

- **Délimitation conceptuelle ;**

Certains mots ou concepts méritent dès lors d'être expliqués. Il s'agit des mots : Cohabitation ; Dialogue ;Dialogue interreligieux; Paix : Prosélytisme.

- **Délimitation géographique.**

Le sujet couvre tout le Cameroun, mais pour des contraintes d'espace et de temps pour ce mémoire, nous nous limiterons à la ville de Yaoundé. La région du Centre[8] est l'une des dix régions du Cameroun, située dans le centre du pays. Son chef-lieu est Yaoundé, qui est aussi la capitale du pays. Elle a une superficie de 68 953 km². Une **Population de** 3,724 millions (2017). Son Gouverneur est Paul Naseri Bea. La **Densité :** 73 hab./km². Selon Wikipedia[9], la Région du Centre est composée de 10 départements. Elle abrite une population de plus de 2 501 200 habitants3.

Le Département du Mfoundi est un département avec une superficie de 287 km² situé dans la région du Centre au Cameroun. Il a pour chef lieu la ville de Yaoundé qui est en même temps la capitale politique du Cameroun. La Ville de Yaoundé a 7 arrondissements dont: Yaoundé I (Nlongkak), Yaoundé II (Tsinga), Yaoundé III (Efoulan), Yaoundé IV (Kodengui), Yaoundé V (Essos), Yaoundé VI (Biyem-Assi) et Yaoundé VII (Nkolbisson).Selon Wikipedia :

> *« Yaoundé, s'étend sur 7 collines, est la capitale du Cameroun. Elle se trouve dans la partie méridionale du pays. La cathédrale Notre-Dame des Victoires, datant du XXe siècle, possède un étonnant toit triangulaire. Dans le quartier du Lac avoisinant, l'ancien palais présidentiel abrite le musée national, qui présente notamment des masques et des sculptures. Plus à l'ouest, le zoo Mvog-Betsi sert d'habitat pour des primates sauvés du commerce du gibier sauvage. Superficie : 180 km². Altitude : 726 m Population : 2,766 millions (2015)10. »*

4. Problématique et questions de recherche.

---

[8]https://www.google.com/search?q=Cameroun%3A+r%C3%A9gion+du+Centre&rlz=1C1CHBD_frCM758CM758&oq=Cameroun%3A+r%C3%A9gion+du+Centre&aqs=chrome..69i57j69i58.10736j1j15&sourceid=chrome&ie=UTF-8, 12/12/2020 à 16h : 56.

[9]https://fr.wikipedia.org/wiki/R%C3%A9gion_du_Centre_(Cameroun), 12/12/2020 à 17 : 19.

[10]https://fr.wikipedia.org/wiki/Yaound%C3%A9, le 03/04/2021 à 15:42.

L'histoire des rencontres des différentes religions présentes au Cameroun laisse constater que la relation entre les croyants des ces différentes religions, et notamment le christianisme et l'islam, n'a pas toujours emprunté un mode historique d'expansion unique, ce qui crée généralement des oppositions et des controverses entre croyants. Pour Mahmoud HAIDAR[11] :« d*e nombreux facteurs, relevant des théologies, doctrines et cultures l'ont placée dans des espaces mouvants, progressant parfois et reculant parfois, ou empruntant le chemin du "dialogue informel" et de l'interaction positive, relativement ou négativement.*»Des rencontres ont ouvert le dialogue entre ces religions, dialogue qui ne s'est pas opéré toujours sans bruit. Il convient de préciser que, les interactions et les transformations des paysages religieux créent parfois des conflits religieux qui embrasent la société camerounaise. Les systèmes religieux en place dans la ville de Yaoundé, notamment le christianisme, l'islam, les Nouveaux Mouvements Religieux (NMR), l'Eglise Adventiste du 7ème jour au Cameroun et les Religions Traditionnelles Africaines (RTA) se rencontrent et cohabitent, mais étant toutes engagées dans un prosélytisme conquérant exceptées les RTA, qui appellent les membres de leurs communautés à un retour aux sources. Entre la Mission pour le christianisme, la Dawa pour l'islam, la nouvelle naissance pour les NMR et le retour aux sources pour les RTA, le défi de la cohabitation entre ces religions est caractérisé par un manque de sincérité d'une collaboration pacifique. Après avoir pris connaissance de la présence de ces religions dans la ville de Yaoundé, nous avons eu à constater aussi qu'il y'a:

- Un manque de dialogue interreligieux formel qui aurait pu aider les adeptes des différentes religions à se connaître et à s'accepter mutuellement.
- Sur le plan financier, la lutte pour le contrôle des fidèles et les aspects financiers sont également à l'origine des menaces à la paix et les troubles à l'ordre public.

  - **Question principale :**

- Le dialogue entre les religions est-il possible dans la ville de Yaoundé?

  - **Questions subsidiaires :**

- Quels sont les défis et les opportunités des religions en dialogue dans la ville de Yaoundé ?
- Pour les rencontres interreligieuses dans leur dimension pratique, quelles sont les pistes concrètes?

[11]Mahmoud HAIDAR, l*a théologie du rapprochement : Le christianisme catholique contemporain et le dialogue avec l'Islam*, p.1.

- Quel est l'impact des rencontres interreligieuses dans la ville de Yaoundé de 2000 à 2019 ?

5. **Hypothèses de travail :**

   - **Hypothèse principale.**

- Comment le dialogue interreligieux est-il organisé ou structuré dans la ville de Yaoundé ?

   - **Hypothèses secondaires :**

- Comment préparer la tenue des rencontres ponctuels des dialogues interreligieux dans la ville de Yaoundé ?
- Comment peut-on réguler les prières interreligieuses ?
- Peut-on établir une plateforme de dialogue interreligieux pour la ville de Yaoundé avec tous les enjeux politiques, économiques et culturels que cela comporte ?

6. **Les objectifs de la recherche :**

   - **Objectif général.**

- Dialoguer pour apprendre à connaître l'autre, le respecter malgré la différence qui nous sépare de l'autre, s'accepter mutuellement. Ainsi, le vivre ensemble sera épanouissant pour tous et pour chacun.

   - **Objectifs spécifiques :**

- Réaliser une étude sur la promotion de la justice et de la paix au par le dialogue interreligieux dans la ville de Yaoundé.
- Trouver des opportunités pour l'élaboration d'un Pacte de cohabitation pacifique entre les religions dans la ville de Yaoundé.
- Évaluer l'apport de l'Association Camerounaise pour le Dialogue Interreligieux (ACADIR) dans ce processus.

7. **Revue de littérature.**

Pour notre travail, nous allons consulter les œuvres suivantes :

1) Jacques BERSANI, Hans SCHWEIZER, Charles BALADIER, ***Le Grand Atlas Universalis des Réligions***, Encyclopaedia Universalis France S.A., 1988. Il a un volume de 416 pages et traite de « sciences des religions », comme l'on dit en France, les « études religieuses », comme l'on dit dans les pays anglo-saxons, qui ont profondément renouvelé, depuis quelques décennies, la connaissance et la compréhension du phénomène religieux.

A partir de cette thèse des auteurs, ce document nous aidera dans nos recherche parce qu'il est un concentré de l'histoire des religions de notre temps, qui nous permet d'avoir une bonne connaissance sur les religions que nous étudions.

2) Rifact El-Saïde, Muhammad Saïd Al-Ashmawy, Khalil Abdel Karim, ***Contre l'intégrisme islamique***, Éditions Maisonneuve et Larose, Dal el Amal, 1994, Il a un volume de 193 pages. Il présente la prétention à l'islam politique dans un contexte local et international, culturel et social, historique et politique. Il dénonce la terreur et le terrorisme au Moyen-Orient, nous parle de la jurisprudence islamique, de la politique législative du Coran, de l'islam et du terrorisme et enfin pose la question sur la possibilité du dialogue.

Cette thèse des auteurs, nous aidera à découvrir les réalités sur l'islam sur sa législation, sa politique, ses travers et surtout nous permet d'amorcer la compréhension des bases du dialogue entre l'islam et les autres religions.

3) TOR ANDRAE, ***Mahomet, sa vie et sa doctrine***, Librairie d'Amérique et d'orient, Adrien, Maisonneuve, Paris, 1984, il a un volume de 193 pages. Traduit de l'allemand par Jean GAUDEFROY-DEMOMBYNES, il constitue une sorte de manuel des connaissances courantes sur le fondateur de l'islam. Mais il est aussi un recueil d'opinions personnelles, dont les plus considérables ont été développées par l'auteur dans deux autres de ses ouvrages.

Cette thèse principale de l'auteur, nous permettra d'admettre que l'étude de l'islam ouvre un large espace sur l'évolution de l'esprit humain. Il nous a informés sur le fait que les événements arabes qui semblent légendaires, ne sont que des manifestations locales de sentiments et d'actions qui ont été ou sont encore communes à tous les peuples. Nous ne pouvons pas étudier l'islam sans connaître l'histoire de son fondateur Muhammad.

4) L'islam au Cameroun, entre tradition et modernité, Hamadou Adama, Editions de l'Harmattan, 2004, à la Bibliothèque de l'UPAC.C'est un livre imprimé de 245 pages. Ce livre est une étude que l'auteur fait des modèles d'islam qui dépassent le cadre purement conflictuel opposant généralement tradition et modernité, orthodoxie et hétérodoxie s'appuyant sur le discours normatif en intégrant les spécificités locales. Nous avons sélectionné ce livre dans notre revue de littérature, parce qu'il nous qu'il nous fait connaître les caractéristiques de l'islam au Cameroun, autant dans ses rapports avec son environnement immédiat, qu'avec les différents centres islamiques extérieurs.

5) Mahomet, sa vie et sa doctrine, TOR ANDRAE, Librairie d'Amérique et d'orient, Adrien, Maisonneuve, Paris, 1984, Bibliothèque de l'UPAC. C'est un livre imprimé de 193 pages. Traduit de l'allemand par Jean GAUDEFROY-DEMOMBYNES, il constitue une sorte de manuel des connaissances courantes sur le fondateur de l'islam. Mais il est aussi un recueil d'opinions personnelles, dont les plus considérables ont été développées par l'auteur dans deux autres de ses ouvrages. Il nous a paru opportun de le retenir parce qu'il nous permet d'admettre que l'étude de l »islam ouvre un large espace sur l'évolution de l'esprit humain. Il nous a informé sur le fait que les événements arabes qui semblent légendaires, ne sont que des manifestations locales de sentiments et d'actions qui ont été ou sont encore communes à tous les peuples. Nous ne pouvons pas étudier l'islam sans connaître l'histoire de son fondateur Muhammad.

8. Méthodologie de la recherche.

Elle consiste à collecter des informations à partir des sources orales, des sources écrites, des enquêtes et des interviews. Sans oublier notre expérience sur le terrain durant 10 ans.

9. Plan du travail.

- INTRODUCTION GENERALE.
- CHAPITRE I : APPROCHE CONCEPTUELLE.
- CHAPITRE II : ETAT DES LIEUX DE CERTAINES RELIGIONS DANS LA VILLE DE YAOUNDE:
- CHAPITRE III : PROXIMITES ET DISTANCES ENTRE CES RELIGIONS.
- CHAPITRE IV : L'ASSOCIATION CAMEROUNAISE POUR LE DIALOGUE INTERRELIGIEUX (ACADIR) COMME PLATEFORME DE PROMOTION DE LA PAIX ET LA CONVIVIALITÉ DANS LA VILLE DE YAOUNDE.
- CONCLUSION GENERALE.
- BIBLIOGRAPHIE SELECTIVE ET GENERALE.
- ANNEXES.

CHAPITRE I: APPROCHE CONCEPTUELLE.

Introduction partielle.

Le cours sur l'histoire de la relation islamo-chrétienne que nous avons reçu en classe de Licence 3 à la Faculté de Théologie Protestante des Sciences Religieuses (FTPSR) de l'Université Protestante d'Afrique Centrale (UPAC) nous a fait découvrir certains termes qui constituent les points clés de notre réflexion. Dans ce Chapitre I, Il s'agit des mots suivants : **cohabitation, dialogue, paix, prosélytisme, syncrétisme et le christianisme chez les protestants**. Voici leurs significations.

Cohabitation : selon le Dictionnaire le Littré, le terme cohabitation est un état de deux personnes qui habitent ensemble. État du mari et de la femme, qui vivent ensemble. Se dit aussi de la vie en commun de deux personnes libres. Par étymologie, Cohabitatio, de cohabitare, cohabiter. Cohabiter, verbe qui veut dire vivre ensemble en parlant des époux, ou de personnes libres vivant comme époux. Ils ont longtemps cohabité. Selon Christophe PONS[12] :

> *« Les religions, quelles qu'elles soient, ne sont jamais des blocs monolithes et figés. Leurs histoires sont faites de fusions, de mélanges et de bricolages qui surgissent aussitôt que des peuples se rencontrent et qu'ils doivent s'accommoder les uns avec les autres. Les sciences sociales sont coutumières de ces phénomènes ; elles les constatent fréquemment, en de nombreux contextes, s'étonnant de la rapidité avec laquelle des religions diverses peuvent cohabiter et même se mêler. »*

La rencontre des peuples qui impose à ceux-ci de s'accommoder ensemble et d'habiter les mêmes espaces géographiques est la plus part des temps à la base de leur cohabitation. Pour, Massimo LEONE[13],

> *« Dans le cas des cultures et des traditions religieuses qui ont traversé l'histoire de l'humanité et qui, comme à l'issue d'un procès de sélection non pas naturelle mais culturelle, ont gagné, en des termes encore mystérieux et à éclairer, le défi que pose la question de déterminer celle qui, parmi elle, serait la plus apte à mesurer l'infini. »*

---

[12]Christophe PONS, avec la collaboration d'Anne-Sophie LAMINE, Abderrahmane MOUSSAOUI et Sébastien TANK-STORPER, dans *ATTIAS* Jean-Christophe et Esther BENBASSA, *Dictionnaire de civilisation juive*, Paris, Larousse, 1997, du Meta-systems - 17-06-13 14:43:55, FL1769 U000 - Oasys 19.00x - Page 829 - E1, *Dieu une enquête - Dynamiclayout* 152x × 240x. *Prosélytisme et dialogue* | 827.

[13]Massimo LEONE, « Métaphysique » et « physique » de la liberté religieuse dans la philosophie sémiotique du sens, in De la cohabitation entre les religions http://epublications.unilim.fr/revues/as/5548, p.5.

Pour notre travail, nous considérons que la cohabitation entre les religions dans ce sens doit tenir compte de la liberté religieuse. Cette liberté qui peut être métaphysique et même physique. Dans la perspective du dialogue, pour Éric Landowski[14] :« la « *confrontation entre deux manières différentes de concevoir les fondements sémiotiques de la prière et, à partir de là, de penser les principes interactionnels susceptibles d'encadrer le libre exercice de la pratique religieuse.*» Il s'agit là d'apporter une solution sur un problème sociétal et politique devenu majeur.

Dialogue : selon le Dictionnaire le Littré, le terme dialogue est un entretien entre deux personnes. Par extension, ouvrage littéraire en forme de conversation. La manière dont un auteur dramatique fait parler ses personnages. Terme de musique. Parties qui se répondent, et qui souvent se réunissent. Christophe PONS[15] nous relate l'histoire des dialogues entre les religions en ces termes :

> « *La littérature de dialogues (généralement fictifs, mais pouvant sefaire l'écho d'échanges bien réels) se développe à partir du IIe siècle et jusqu'à l'époque moderne, sous la plume d'auteurs issus de chacune des trois religions. Mentionnons par exemple le dialogue entre un juif et un roi païen dans le Kuzari de Judah Hallévi (1085-1138) (...) De manière générale, les disputationes étaient caractéristiques de périodes difficiles au cours desquelles naissaient tensions et dialogues. Leur statut était fréquemment ambigu, oscillant entre le dialogue et la mise en scène d'une accusation dont l'issue était prévue d'avance. En somme, dans la disputatio apparaît déjà toute l'ambivalence entre dialogue et prosélytisme, échange et trivialité.*»

Pour notre travail, le dialogue interreligieux revêt plusieurs dimensions à savoir le dialogue de vie, le dialogue des œuvres, le dialogue théologique. Pour la théocratie iranienne :

> « *[L]es dialogues religieux sont très anciens. Ils remontent à plus de 50 ans. C'est l'ayatollah Bouroujerdi qui, le premier, a proposé de les développer entre, d'une part, le clergé chiite et les sunnites et, d'autre part, le clergé chiite et les Eglises chrétiennes. Il y a depuis, par exemple, un dialogue annuel entre le Vatican et Qom et de nombreux dialogues sunnites–chiites ont été organisés entre l'Égypte et l'Iran (en dépit des problèmes politiques, le dialogue n'a pas été interrompu). Aujourd'hui, l'ayatollah Taskhiri est une des personnalités en charge de ces*

[14] Eric Landowski, *De la cohabitation entre les religions*, *Actes Sémiotiques*, http://epublications.unilim.fr/revues/as/5548, Publié en ligne le 15 février 2016.

[15] Idem, p.781.

dialogues religieux, il est l'un des responsables de Sazman–e farhang va ertebat–e eslami (l'organisation culturelle et des relations islamiques)[16]*.*»

Il s'agit bien des dialogues religieux qui peuvent se dérouler entre chrétiens et musulmans, entre musulmans et musulmans ou même un dialogue religieux entre les États.

Paix : selon le Dictionnaire le Littré, le terme paix désigne les rapports réguliers, calmes, sans violence, d'un État, d'une nation avec un autre État, une autre nation. Concorde, tranquillité intérieure dans les États, dans les familles, dans les sociétés particulières. Dans le langage de l'Évangile, la tranquillité que donne l'accomplissement des préceptes religieux et des volontés de Dieu. Selon la Déclaration[17] sur une Culture de la Paix de la Charte des Nations Unies, notamment la Convention créant l'Organisation des Nations Unies pour l'éducation, la science et la culture, qui énonce que :

> *« Les guerres prenant naissance dans l'esprit des hommes, c'est dans l'esprit des hommes que doivent être élevées les défenses de la paix». (...)Proclame solennellement la présente Déclaration sur une culture de la paix afin que les gouvernements, les organisations internationales et la société civile puissent s'en inspirer constamment dans leur action pour promouvoir et élargir une culture de la paix à l'aube du millénaire: Article premier. La culture de la paix peut être définie comme l'ensemble des valeurs, des attitudes, des traditions, des comportements et des modes de vie fondés sur: a) Le respect de la vie, le rejet de la violence et la promotion et la pratique de la non-violence par l'éducation, le dialogue et la coopération. »*

Pour aller dans ce même sens dans notre travail, nous considérons la position du théologien Hans Küng[18]qui écrit ceci : « *pas de paix mondiale sans paix entre les religions. Analyses et perspectives globales pour comprendre la situation religieuse de l'humanité. Il ne peut y avoir de paix entre les nations sans paix entre les religions. Il ne peut y avoir de dialogue entre religions sans recherche de fondement théologique.* »

Prosélytisme : Selon le Dictionnaire le Littré, le terme prosélytisme est le zèle de faire des prosélytes. L'un des experts qui a écrit sur le prosélytisme, Christophe PONS déclare :« *Cet esprit de prosélytisme que les Juifs ont pris des Égyptiens, et qui d'eux est passé, comme une*

---

[16]Amir Hossein Mehdizadeh, *Entretien personnel, Responsable de l'administration, International Institute for Dialogue among Cultures and Civilizations*, Téhéran, 9 août 2008.

[17] 53/243. Déclaration et Programme d'action sur une culture de la paix, résolutions adoptées par l'Assemblée Générale, A/RES/53/243, 6 octobre 1999.

[18]H. KUNG, *Projet d'éthique planétaire. La paix mondiale par la paix des religions*, Paris, Seuil, 1990, p. 175.

maladie épidémique et populaire, aux mahométans et aux chrétiens.»[19] Pour nous, nous nous intéressons à cette position de PONS qui dit que:

> *« Le rapport que les trois monothéismes entretiennent avec les autres religions peut s'appréhender de deux façons : on peut s'intéresser d'une part aux relations qu'elles établissent les unes avec les autres, d'autre part à leurs tendances prosélytes. Ces deux facettes, qui sont très souvent renvoyées dos à dos comme des attitudes radicalement distinctes, méritent d'être appréhendées simultanément. Leurs histoires, souvent mêlées, soulignent toute l'ambivalence que peut revêtir un dialogue qui réaffirme les identités distinctives de chacun, ou un prosélytisme qui s'appuie – dans un processus quasi syncrétique – sur des cultures religieuses locales. Prosélytisme et dialogue bornent le champ complexe d'interactions dont sont faits les rapports entre les monothéismes, mais aussi entre les monothéismes et d'autres religions, cultures et identités.*[20] *»*

Les prosélytismes compris comme facteurs des mélanges et d'adhésion à une autre religion font qu'entre des personnes professant des religions différentes une tendance de syncrétisme apparaisse dans leurs pratiques religieuses. Le même auteur a dit :

> *« Par prosélytisme interne, on entend le processus par lequel des courants, généralement fondamentalistes et orthodoxes, exercent des pressions sur d'autres courants modérés de la même religion, afin que ceux-ci manifestent une ferveur nouvelle et un engagement militant plus grand. (...) Le prosélytisme interne conduit parfois à de très rudes concurrences, notamment dans l'islam (shiite et sunnite) et le christianisme (protestant, catholique et orthodoxe), entre des confessions, dogmes et églises extrêmement éloignés les uns des autres. Le prosélytisme externe s'applique quant à lui à des groupes et individus qui n'appartiennent pas à la même religion. Il figure au cœur de la définition de soi de l'islam et du christianisme, chacun ayant l'ambition de convertir l'étranger pour le salut de son âme.(...) Ces religions-là, ou « systèmes religieux » si l'on préfère, relèvent de ce que Max Weber appelait les religions de fonction : « Le Dieu d'une localité, d'une tribu, d'un empire*

---

[19]MONTESQIEU, *Lettre personnelle*, 85.
[20] Idem Christophe PONS, p.775.

n'était concerné que par les intérêts de son propre groupement.» (Sociologie des religions, p. 424)[21]*.* »

Syncrétisme : selon le Dictionnaire le Littré, c'est un système de philosophie grecque qui consistait à fondre ensemble les divers systèmes. Un mode de philosopher qui a été transporté dans la médecine, et par lequel on réunit et mêle les vues et les doctrines différentes. Ou encore, un mélange d'opinions. Continuant la réflexion avec Pons qui dit :

> *« C'est un point essentiel qu'il faut rappeler : le syncrétisme est au cœur de tout phénomène religieux. Les histoires longues de chaque grande religion ne sont faites que de ces arrangements qui, au moyen de réinventions des traditions théologiques, de remaniements dogmatiques et liturgiques, ou d'intégrations de figures et conceptions hérétiques, assurent le maintien de l'autorité et de l'influence cléricale sur les plans temporel et spirituel*[22]*.* »

Certains auteurs de« **Comment cohabiter** » nous disent ceci :

> *« Leurs histoires, souvent mêlées, soulignent toute l'ambivalence que peut revêtir un dialogue qui réaffirme les identités distinctives de chacun, ou un prosélytisme qui s'appuie – dans un processus quasi syncrétique – sur des cultures religieuses locales. Prosélytisme et dialogue bornent le champ complexe d'interactions dont sont faits les rapports entre les monothéismes, mais aussi entre les monothéismes et d'autres religions, cultures et identités.*[23] »

Considérons pour notre travail, cet exemple pratique de NJAKA RAHASA[24] qui dit :

« Le recours à la tradition est inévitable. D'où le syncrétisme religieux et la fusion des religions. Son but est de stabiliser et de satisfaire l'âme dans son environnement. L'existence du syncrétisme est évidente dans un pays comme le nôtre. Car malgré la modernisation des pensées, la tradition reste imprégnée en chacun.»

Le christianisme.

1. **Les protestants réunis au sein du CEPCA.**

Pour Jean BAUDERTOT, *« l'événement symbolique fondateur du protestantisme est la rédaction, en 1517, par le moine Martin LUTHER (1483-1546) de « 95 thèses » contre « la*

---

[21] Idem Christophe PONS, p.784.
[22] Idem Christophe PONS, p.827.
[23] Christophe PONS (dir.), *Jésus, moi et les autres. La construction collective d'une relation personnelle à Jésus dans les églises évangéliques : Europe, Océanie, Maghreb*, Paris, CNRS Éditions, 2013. *Comment cohabiter ? Prosélytisme et dialogue : les religions entre elles,* Meta-systems - 17-06-13 14:43:50 FL1769 U000 - Oasys 19.00x - Page 776 - E1, *Dieu une enquête* - Dynamiclayout 152x × 240x.
[24] NJAKA RAHASA, *syncrétisme religieux, Madagascar, entre la tradition et l'évangélisation.*

vertu des indulgences.[25]» Cette idée nous introduit sur l'histoire du protestantisme dans le monde. Selon le Cours du Rév. Pr. FROUISSOU Samuel que nous avons eu comme enseignant de l'Histoire du Christianisme en Licence 3, le terme ***« protestantisme »*** désigne l'une des trois principales familles du christianisme mondial, à côté de la famille catholique romaine, et de la famille orthodoxe orientale. Les Eglises protestantes sont nées au XVIèmesiècle à la suite du mouvement de Réforme de l'Eglise chrétienne d'occident d'alors, mouvement initié par Martin Luther. Comme le terme ***« chrétien »*** à l'origine, le terme « protestants » est une expression utilisée par des adversaires à l'époque luthérienne, pour désigner quelques personnes qui se sont opposées (ont protesté contre) au décret de l'empire romain germanique portant restriction de la liberté religieuse en 1529. Mais qui sont les protestants ? Quels sont leurs enseignements fondamentaux ? Où sont-ils dans le monde ? Que font-ils dans le monde et au Cameroun? Selon le document de présentation des protestants écrit par M. John ESSOBE du CEPCA[26], les protestants fondent leurs sources doctrinales dans :

A. La Bible.

En tant que famille chrétienne, le protestantisme prend racine dans la Bible. En effet, c'est sur elle, par elle, et pour elle que se fonde toute activité chrétienne. Et, comme nous allons le voir plus loin, les premiers chrétiens protestants se sont attachés à la Bible par son étude assidue et par un effet de mise en pratique de ses prescriptions.

B. La tradition réformée.

Le protestantisme n'est pas en soi une Eglise, mais une famille d'églises. L'ensemble de communautés chrétiennes issues de la Réforme se reconnaissent dans quelques principes qui constituent, de manière générale, la tradition réformée. Cette dernière s'est forgée et affirmée autour des cinq principes fondamentaux que sont :

✓ *Sola Scriptura*: *l'Ecriture seule* (la Bible) fait autorité en matière de foi chrétienne. Un attachement particulier à ce qui est écrit, mais surtout un effet de mise en pratique.

✓ *Sola Gracia* : c'est-à-dire que c'est par *grâce seule* que l'homme peut être sauvé.

✓ *Sola Fide* : Nous sommes sauvés grâce, au moyen de *la foi seule,* et non au moyen des œuvres méritoires.

✓ *Solus Christus* : le Médiateur entre Dieu et les hommes, c'est *Christ seul.*

---

[25] Jean BAUPEROT, *Le protestantisme, les religions : spécificités, rivalités, analogies, dans le Grand Atlas des Religions,* Encyclopaedia Universalis, France S.A. 1988, p.113.

[26] *Document de présentation des protestants écrit par M. John ESSOBE du CEPCA.*

✓ *Soli Deo Gloria* : A *Dieu Seul la Gloire.*

Et dans leur lutte pour l'indépendance de l'Eglise vis-à-vis du pouvoir séculier, les Réformateurs ont prôné une Eglise :

- *Self-supporting*: il s'agit de l'autofinancement de l'Eglise par ses moyens propres, c'est-à-dire les contributions des fidèles notamment. L'Eglise crée et gère ses propres ressources matérielles et financières.
- *Self-propagating*: C'est par sa propre action que l'Eglise se propage et propage son message de l'évangile. C'est l'Eglise elle-même qui se crée de nouveaux champs et s'y implante, par son propre dynamisme et selon ses propres stratégies.
- *Self-governing*: L'Église s'administre elle-même, par des dirigeants qu'elle se donne, selon les mécanismes internes de désignation, sans interférence extérieure. En d'autres termes, c'est l'Eglise elle-même qui recrute, forme, emploie et rémunère ses officiers à différents niveaux de sa hiérarchie.

C. Les statuts.

Le Protestantisme n'est pas une Eglise mais une famille d'Eglises qui se distinguent les unes des autres par quelques particularités. Mais toutes ces particularités se recoupent dans les principes ci-dessus, et dans les traits doctrinaux. En tant que familles d'Eglise, le Protestantisme est constitué des cinq grands groupes suivants:

✓ *Les Luthériens, (qui se réclament de Martin Luther) ;*

✓ *Les Réformés (qui se réclament aussi de Luther, mais également d'autres réformateurs tels que Jean Calvin, Ulrich Zwingli ou Théodore de Bèze, etc.) :*

✓ *Les Anglicans (qui sont en mi-chemin entre la foi catholique et la réformée) ;*

✓ *Les Évangéliques (issus de différents mouvements réformateurs, des anabaptistes notamment) :*

✓ *Les pentecôtistes (qui découlent des mouvements de réveils du XXè siècle au États-Unis).*

Les protestants du Cameroun se sont réunis au sein de la Fédération des Églises et Missions Évangéliques du Cameroun (FEMEC) qui est devenue depuis le 01 avril 2005, le Conseil des Eglises Protestantes du Cameroun en abrégé (CEPCA). – HISTORIQUE - Créée en 1941, la Fédération Évangélique du Cameroun avait pour but la défense des intérêts des missions protestantes d'origine anglo-saxonne devant une administration embrassant les pays de l'ancienne Afrique Équatoriale Française (AEF) : Tchad, RCA, Cameroun, Congo et Gabon. – LES BUTS DU CEPCA sont de :

a) Renforcer les liens de solidarité existant entre les diverses Eglises membres dans la recherche de l'Unité ;

b) Développer les activités, coordonner leurs efforts pour l'Évangélisation et le service chrétien (œuvres, institutions.).

2. LES EGLISES MEMBRES[27]

EGLISE	ADRESSE
1. Cameroon Baptist Convention (CBC)	Siège: Bamenda BP 19 Tél. : 222 32 24 87
2. Angflican church in Cameroon (AAC)	Siège: Douala BP 6224 Tél. 699 73 51 07,
3. Église Évangélique du Cameroun (EEC)	Siège: Douala BP 89 Tél. 243 42 36 11
4. Église Évangélique Luthérienne du Cameroun (EELC)	Siège: Ngaoundéré BP 519 Tél. 222 25 20 66
5. Eglise Fraternelle Luthérienne du Cameroun (EFLC)	Siege: Garoua BP 42 Tél. 222 32 21 03
6. Église Presbytérienne Camerounaise (EPC)	Siège social: Yaoundé Tél. 222 20 64 72
7. Église Protestante Africaine (EPA)	Siège : Lolodorf B.P. 26
8. Native Baptist Church (NBC/EBC)	Siège : Douala B.P. 2214 Tél. : 233 40 10 28
9. Presbyterian Church in Cameroon (PCC)	Siège : Buéa B.P. 19 Tél. : 233 42 24 87
10. Union des Eglises Baptistes du Cameroun (UEBC)	Siège : Douala B.P. 6007 Tél. : 233 42 24 93
11. Union des Églises Évangéliques du Cameroun (UEEC)	Siège : Maroua B.P. 73 Tél. : 222 29 22 45

BUREAU ACTUEL DU CEPCA (2020).

Président	Right Rev FONKI Samuel FORBA (PCC)
1er Vice-président	Révérend. BESSALA MBESSE (EPC)
2ième Vice -Président	Révérend. HAMADINA Salomon (UEEC)
Secrétaire Général	Révérend Dr Paul NGANDO MBENDE (UEBC)

Le Protestantisme n'est pas une Eglise, mais une famille d'églises issues de la Réforme du XVIème siècle. Ses sources sont la Bible, la vérité et son ecclésiologie. Ses traits doctrinaux majeurs : Dieu, l'Ecriture, la grâce, la foi et le salut. Il est installé au Cameroun à travers plusieurs Communautés d'églises, sous un organe faitier le CEPCA, en Afrique la CETA et

[27] *Ib. Document de présentation des protestants écrit par M. John ESSOBE du CEPCA.*

dans le Monde le COE. Il contribue au dialogue interreligieux au Cameroun et à Yaoundé au travers de l'ACADIR, de ses œuvres de témoignages en éducation et en santé.

Conclusion partielle.

La compréhension de ces mots clés constitue le socle de notre travail. Elle nous permet de comprendre que, la cohabitation consiste à cohabiter. Verbe qui veut dire vivre ensemble en parlant des époux, ou de personnes libres vivant comme époux ou alors des religions. Le dialogue est un entretien entre deux personnes. On peut l'avoir entre les religions et celui-ci peut être par extension, une forme de conversation. La paix est un terme qui désigne les rapports réguliers, calmes, sans violence, d'un État, d'une nation avec un autre État, une autre nation, d'une religion envers une autre. Le prosélytismeest le zèle de faire des prosélytes. « *Cet esprit de prosélytisme que les Juifs ont pris des Égyptiens, et qui d'eux est passé, comme une maladie épidémique et populaire, aux mahométans et aux chrétiens.»* Le syncrétisme c'est un système de philosophie grecque qui consistait à fondre ensemble les divers systèmes. Un mode de philosopher qui a été transporté dans la médecine, et par lequel on réunit et mêle les vues et les doctrines différentes, un mélange d'opinions.

CHAPITRE II : ETAT DES LIEUX DE CERTAINES RELIGIONS DANS LA VILLE DE YAOUNDE.

Introduction partielle.

Dans ce Chapitre II, nous allons parler de certaines religions que nous avons identifiées dans la ville de Yaoundé.

1. Les catholiques romains réunis au sein de la CENC[28].

Selon l'exploitation du document que nous a remis Mgr. Dr. l'Abbé Etienne ETOUNDI ESSAMA au nom de la CENC, l'Eglise catholique est une des plus grandes Eglises chrétiennes qui sont établies au Cameroun. Les membres de cette Eglise représentent 38,4% de tous ceux et celles qui croient au Dieu unique, c'est-à-dire au Dieu créateur, père et miséricordieux au Cameroun. Pour l'Eglise Catholique romaine :

Qui est Jésus –Christ?

Dans la tradition chrétienne, Jésus-Christ est le Fils de Dieu qui s'est fait homme. Il est vrai Dieu car conçu de l'Esprit-Saint et vrai Homme, parce que né de Marie, sa mère. Il a vécu comme tout homme, sans cependant avoir commis un seul péché. L'Eglise désigne par le mot « *incarnation* » le fait que le Verbe de Dieu ait revêtu notre condition d'homme dans le sein de sa mère Marie, que les catholiques vénèrent sous le titre de « Sainte Vierge Marie » car après la naissance de Jésus, selon la doctrine catholique, Marie, sa mère, a conservé sa virginité. Jésus–Christ a fondé l'Eglise pour annoncer aux hommes la bonne nouvelle afin qu'ils soient tous délivrés du péché et deviennent enfants de Dieu.

L'Église catholique romaine est née le jour de la Pentecôte en l'an 30 lorsque l'Esprit-Saint est descendu sur les Apôtres. La Pentecôte est une des grandes fêtes de l'Eglise, célébrée chaque année 50 jours après Pâques, le jour où Jésus-Christ est ressuscité des morts. Durant sa vie terrestre, Jésus a confié la direction de l'Eglise à l'Apôtre Pierre : *« Tu es pierre sur cette pierre je bâtirai mon église »* (Mt 16,18). L'Eglise catholique est donc dirigée par le Pape, successeur de l'Apôtre Pierre, un des douze compagnons choisis par Jésus. Lorsqu'un Pape meurt, son successeur est élu par un collège de cardinaux, qui sont des personnalités distinguées et créées par le Pape en raison de leurs mérites personnels ou des fonctions qu'ils assument dans l'Eglise. Certains diocèses, dans l'histoire, ont acquis une si grande importance, que les évêques, que le Pape nomme à leur tête, sont généralement créés cardinaux.

[28]*Document que nous a remis Mgr. Dr. l'Abbé Etienne ETOUNDI ESSAMA.*

La doctrine de l'Eglise catholique.

Les sources de la doctrine de l'Eglise catholique sont la Bible et la Tradition. La Bible est le livre saint de tous les chrétiens. Elle comporte la Révélation chrétienne et se divise en deux parties : l'Ancien Testament qui décrit l'alliance entre Dieu et le peuple élu, en l'occurrence le peuple juif, et le Nouveau Testament qui rapporte essentiellement l'enseignement de Jésus-Christ pour le salut de tous les hommes. Le Nouveau Testament décrit l'alliance nouvelle, celle que Dieu, à travers son fils Jésus propose à tous les peuples du monde. La Bible est un ensemble de textes inspirés par Dieu.

Le Magistère romain est exercé par le Pape en communion avec les évêques catholiques, successeurs des Apôtres, dans le monde entier. En sa qualité de Pasteur Suprême de l'Eglise catholique, le Pape est seul habilité à formuler et à promulguer un point de vue de la doctrine catholique. C'est le Pape qui veille de manière permanente sur l'authenticité de la doctrine et de la vie de foi catholique. Le catéchisme de l'Eglise catholique comprend essentiellement trois parties : la foi confessée, la foi célébrée, et les règles de vie en référence au Christ (foi vécue).

L'Eglise catholique compte sept sacrements :

-les sacrements d'initiation : le baptême, la confirmation et l'eucharistie ;

-les sacrements de guérison : la pénitence ou réconciliation, l'onction des malades;

-les sacrements de communion et de mission : l'ordre et le mariage.

Ces sept sacrements, pour l'Eglise catholique, ont mission de fortifier la foi du chrétien. Pour les deux derniers sacrements de communion et de mission, il convient de souligner que le sacrement de *l'ordre* est propre aux diacres, prêtres et évêques. Car l'Eglise, assemblée convoquée par Dieu, est composée du clergé d'une part (diacres, prêtres et évêques) et des laïcs d'autre part, qui sont tous les autres baptisés.

Province Ecclésiastique de Yaoundé[29].

- L'Archidiocèse de Yaoundé compte six diocèses qui sont :

-Diocèse d'Obala,

-Diocèse de Bafia,

-Diocèse de Mbalmayo,

-Diocèse de Sangmélima,

-Diocèse d'Ebolawa,

-Diocèse de Kribi.

---

[29]*Ib. Document que nous a remis Mgr. Dr. l'Abbé Etienne ETOUNDI ESSAMA.*

Chaque province ecclésiastique dispose d'un certain nombre d'œuvres communes parmi lesquelles, le grand séminaire qui est une institution provinciale, pour la formation des prêtres : pasteurs de paroisse et ministres de culte. L'Eglise catholique à Yaoundé aune œuvre qui est à Nkolbisson (province de Yaoundé).

La Conférence Épiscopale Nationale du Cameroun (CENC)[30].

La Conférence Épiscopale Nationale est une institution permanente, qui sert de cadre de concertation pastorale ou d'adaptation des vérités de la foi au contexte socioculturel d'un pays ou d'une région. Elle est également l'organe de liaison entre le Saint-Siège et l'épiscopat local. A ce titre, elle regroupe tous les diocèses du pays concerné. La Conférence Épiscopale est l'expression de l'Eglise universelle à l'échelle locale. Voilà pourquoi elle manifeste aussi l'Eglise locale au sein de l'Église universelle.

La contribution de l'Eglise catholique au progrès de l'humanité et au dialogue interreligieux dans la ville de Yaoundé est immense. Dans le domaine éducatif où l'Eglise s'efforce d'assurer la formation intégrale de l'homme (corps et esprit), on compte au Cameroun, 965 écoles primaires, 139 groupes scolaires, 332 écoles maternelles, 174 établissements d'enseignement secondaire, 8 universités catholiques (deux à Yaoundé, Douala, Buea, Bamenda, Bertoua, Ebolowa et Obala). Dans le domaine de la santé, on compte plus de 280 centres de santé, 26 hôpitaux catholiques. Au regard de ses structures pastorales et de son engagement dans la lutte contre la pauvreté, l'Eglise catholique dans la ville de Yaoundé combat efficacement le chômage en offrant des emplois à des milliers de Camerounais.

2. Les orthodoxes[31].

Pour le Père ELEUTHERIOS HEMOGA LAIS, Protocysele et Chancelier pour l'Afrique Centrale que nous avons rencontré, voici ce qu'est l'Eglise Grecque Orthodoxe.

L'église d'Alexandrie ou Eglise d'Egypte.

Elle fut une des premières Églises chrétiennes et une des composantes de la Pentarchie. Selon la tradition, elle aurait été fondée par l'évangéliste Marc dans les années 40. Elle a connu plusieurs schismes au cours de son histoire, si bien qu'aujourd'hui plusieurs Églises, appartenant à des communions différentes, en sont les héritières :

- l'Église copte orthodoxe (communion orthodoxe orientale) ;
- l'Église orthodoxe d'Alexandrie (communion orthodoxe) :
- l'Église catholique copte (catholique orientale) :
- l'Église évangélique copte (protestante).

---

[30] *Ibiden. Document que nous a remis Mgr. Dr. l'Abbé Etienne ETOUNDI ESSAMA.*

[31] *Document du Père ELEUTHERIOS HEMOGA LAIS, Protocysele et Chancelier pour l'Afrique Centrale.*

L'Eglise Orthodoxe à Yaoundé.

L'Église Orthodoxe ou « Communion des Eglises Orthodoxes » regroupe les nombreuses Eglises territoriales qui se réclament de la théologie des sept premiers conciles du Christianisme et des canons ou lois qu'ils ont édictées. Le terme « orthodoxe » vient du grec όρθός / orthós (« droit ») et δόξα / dóxa (« opinion »).Le Christianisme Orthodoxe (en grec orthodoxia, signifiant « opinion juste ») professe descendre directement des premières communautés chrétiennes fondées par les apôtres de Jésus dans les provinces orientales de l'Empire Romain. Sept de ces Eglises Orthodoxes se réclament d'une fondation par un apôtre, ou un évangéliste. Au 1^er^siècle l'Église Orthodoxe de Constantinople fondée par l'apôtre André, l'Église d'Alexandrie et de toute l'Afrique fondé par Marc, l'Église d'Antioche et de tout l'orient fondée par les apôtres Pierre et Paul, l'Église Orthodoxe de Jérusalem fondée par l'apôtre Jacques, l'Église de Géorgie fondée par l'apôtre André, l'Église Orthodoxe de Chypre fondée par Paul et l'Église Orthodoxe de Grèce fondée par Paul ; certaines portent la dénomination officielle d'apostoliques, d'autres non.

Les églises orthodoxes, célèbrent la liturgie selon cinq rites différents (Byzantin, Arménien, Antiochien, Chaldéen et Alexandrin) ; la Bible et la Liturgie sont lues dans les langues nationales actuelles ou anciennes.

Les Sacrements l'Eglise Orthodoxe[32].

Les églises orthodoxes connaissent sept sacrements, plus exactement nommés mystères. Les sept sacrements sont les mêmes que ceux de l'église catholique, hormis quelques nuances rituelles (cependant les orthodoxes appellent Chrismation le sacrement de Confirmation de l'Eglise romaine). L'Eglise orthodoxe n'a jamais arrêté dogmatiquement le nombre de sacrements, contrairement à l'église Romaine qui en a arrêté le nombre à sept au concile de Trente. Ainsi la délimitation n'est pas claire entre sacrement et sacramental (par exemple, un enterrement, une bénédiction).

a) Le baptême ;
b) La chrismation (qui succède immédiatement au baptême) ;
c) L'eucharistie (donnée la première fois également directement après le baptême), les Saints Dons ;
d) La confession (réconciliation ou pardon) ;
e) L'ordination ;
f) Le mariage ;

[32] *Ib. Document du Père ELEUTHERIOS HEMOGA LAIS, Protocysele et Chancelier pour l'Afrique Centrale.*

g) Le sacrement des malades, onction des malades (n'est pas réservé aux mourants).

Les sept sacrements sont les mêmes que ceux de l'église catholique, hormis quelques nuances rituelles (cependant les orthodoxes appellent Chrismation le sacrement de Confirmation de l'Eglise romaine). L'Eglise orthodoxe n'a jamais arrêté dogmatiquement le nombre de sacrements, contrairement à l'église Romaine qui en a arrêté le nombre à sept au concile de Trente. Ainsi la délimitation n'est pas claire entre sacrement et sacramental (par exemple, un enterrement, une bénédiction).

Contrairement à la plupart des religions du monde, les églises orthodoxes ne célèbrent aucun rituel de transition de l'enfant à l'adulte ; mais beaucoup de traditions locales sont pratiquées par des jeunes et ressortissent de ce type de célébration : en Grèce, par exemple, plonger dans un fleuve ou dans la mer et en rapporter la croix que le prêtre y a jetée lors de la célébration du Baptême du Christ, ou Epiphanie, le 6 janvier (pratiquée aussi dans notre métropole).

La Liturgie

Le chœur de la spiritualité orthodoxe est riche, principalement dans le chant de la liturgie fortement symbolique, dont la forme actuelle, au moins partiellement s'enracine dans l'époque constantinienne (IVème siècle). La première partie de la liturgie, appelée **Liturgie des catéchumènes** avec prières et lectures bibliques se réfère au culte **synagogal**, tel que Jésus dût le connaitre ; la deuxième partie, la **Liturgie des fidèles** qui célèbrent l'eucharistie, est d'origine proprement chrétienne. Le nom de chacune des parties se réfère au temps où tous les candidats non encore baptisés devaient quitter l'église après la première partie et où l'on fermait les portes à clef.La liturgie originale dure cinq heures, la liturgie de **Saint Basile** dure environ 2 heures, la liturgie de **Saint Jean Chrysostome** ne dure qu'environ une heure et demie et c'est celle qui est célébrée la plupart des dimanches tandis que, pour certaines occasions (Dimanche du grand Carême, fête de Saint Basile) le **typikon** ou cérémonial de l'église, prévoit la liturgie de **Saint Basile de Césarée**.

Avec l'Orthros (matines), les petites heures, les prières avant et après la communion, l'office dominical peut durer trois heures, ou plus les jours de fête. De plus l'usage de l'agrypnie ou vigile nocturne s'est conservé, non seulement pour Pâques, comme en occident, mais aussi pour d'autres fêtes et en particulier pour les fêtes patronales, votive et en panégyries. Dans certains grands monastères, la célébration de la fête patronale peut durer toute une nuit. De ce fait tous les fidèles ne restent pas du début à la fin des célébrations. **L'antienne Kyrie eleison** (Seigneur prends pitié), fréquente, est typique tant de la prière liturgique que de la prière individuelle. Le chant possède une importance particulière dans la liturgie orthodoxe. Les chants sont compris comme **prière** à part entière; ils ne doivent donc être produits que par les voix humaines.

L'utilisation des instruments n'est pas admise dans les Eglises russes orthodoxes parce que les instruments ne peuvent prier.

Dans les autres Eglises orthodoxes, la musique instrumentale est rare. Une théorie envisageant cette aversion contre la musique instrumentale, la rapproche des orchestres usuels dans les jeux du cirque romain ; les chrétiens considèrent les jeux du cirque, dans lesquels ils étaient parfois les victimes, comme un culte idolâtre. Dans la liturgie orthodoxe, ou se signe chaque fois que la Trinité est mentionnée. Le signe de croix se pratique selon un mouvement de droite à gauche : front, poitrine, épaule droite, épaules gauche. Le pouce, l'index et le majeur sont liés pour représenter la Trinité, tandis que l'annulaire et l'auriculaire sont repliés dans la paume pour signifier la double nature. On se signe aussi en admirant une icône ou avec ou sans prière et dans d'innombrables autres oraisons, laissées à la discrétion du croyant. Le fidèle est, en principe, debout à l'office, beaucoup d'Eglise n'ont de siégés que le long des murs pour les personnes âgées ou affaiblies. La position à genoux est peu fréquente ; le dimanche on connait quelques grandes prosternations.

L'Eglise Orthodoxe contribue au dialogue interreligieux dans la ville de Yaoundé au travers de dix-neuf prêtres en fonction et quatre diacres, la Sainte Métropole Orthodoxe du Cameroun. Elle fait fonctionner trente paroisses dans le triangle national, entretien quatre dispensaires et quinze puits. Les écoles qui fonctionnent sont mises à la disposition de l'État du Cameroun. La ferme n'est pas encore opérationnelle, les salles polyvalents et centre missionnaire fonctionnent.

3. L'islam.

Selon le texte du Prof. Souley MANE, Enseignant à l'École Normal de l'Administration (ENAM) que nous avons consulté au nom de la communauté musulmane au Cameroun, il ressort ceci que l'islam fait partie de grandes religions du monde. Il occupe, après le christianisme, le deuxième rang à l'échelle planétaire, avec environ deux milliards d'adeptes. Après avoir vu le jour dans la péninsule arabique et plus précisément à La Mecque, il se répand très rapidement dans le monde. Son introduction en Afrique noire (Bilad es Sudan), et plus particulièrement en Abyssinie (actuelle Éthiopie), date du septième siècle de l'ère chrétienne. Aujourd'hui, l'Afrique noire apparaît comme une zone fertile à l'islam qui, loin de stagner, entame de nouveaux bastions. Le Cameroun fait partie des pays où la religion musulmane est présente et s'enracine davantage. Ce chapitre se propose d'étudier les fondements et les sources de la religion musulmane, la personnalité du Prophète Mouhammad, l'apport à la civilisation et la présence de l'islam au Cameroun.

Qu'est-ce que l'islam et quels sont ses piliers?

L'islam est une religion monothéiste révélée par Allah ou Dieu à Son messager Mouhammad en 610 de l'ère chrétienne. La Mecque, dans l'actuelle Arabie Saoudite, est le berceau de cette religion à portée universelle. La religion musulmane s'inscrit en droite ligne des révélations antérieures prônant l'adoration d'un Dieu Unique, sans associé et Créateur de tout ce qui existe. **Dieu dit** *dans le Saint Coran, Sourate 4, verset 163*: **«** *nous t'avons fait une révélation comme Nous fîmes à Noé et aux prophètes après lui. Et Nous avons fait révélation à Abraham, Ismaël, Isaac, Jacob aux Tribus, Jésus, Job, Jonas, Aaron et Salomon, et Nous avons donné le Zaboûr à David.* **».** Les piliers de l'islam sont au nombre de cinq :

La *Chahâdah* ou l'attestation de foi.

La *Chahâdah* est le premier et le plus important pilier de l'islam. Elle consiste à accepter volontairement et à dire : « Je témoigne qu'il n'y a point de divinité digne d'adoration en dehors d'Allah et que Mouhammad est le messager d'Allah.» Cette attestation de foi met en relief l'unicité absolue de Dieu et l'authenticité de la mission du prophète Mouhammad.

La *Salâh* ou la prière.

La *Salâh* constitue le deuxième pilier de la religion musulmane. Il s'agit des cinq prières quotidiennes que chaque adepte de l'islam remplissant les conditions requises doit accomplir en des moments précis (aube, midi, après-midi, coucher du soleil et nuit). La prière est une forme d'adoration, un moyen de communication directe avec Dieu, de purification de l'âme et d'absolution des péchés, comme l'indique le Coran, chapitre 29, verset 45 : « *Accomplis la prière, car elleempêche de commettre les turpitudes et les actes blâmables.*»

La *Zakkâh* ou l'aumône obligatoire.

La *Zakkâh* est le troisième pilier de l'islam. C'est un impôt purificateur prélevé annuellement sur les biens des plus favorisés au profit des pauvres. Dieu dit au chapitre 9, verset 103: « Prélève de leurs biens une aumône par laquelle tu les purifies et les bénis.» Il ajoute au chapitre 2, verset 43 : « Et accomplissez la Prière et acquittez la *Zakkâh*.»

Le *Sawm* ou le jeûne pendant le mois de Ramadan.

Le jeûne constitue le quatrième pilier de l'islam. Il a lieu au cours du neuvième et meilleur mois du calendrier lunaire islamique, appelé le mois de Ramadan. C'est aussi le mois du début de la révélation du Saint Coran au prophète Mouhammad. Le mois de Ramadan, comme tous les autres mois du calendrier islamique, compte 29 ou 30 jours. Les personnes dispensées momentanément du jeûne sont: la femme en période des menstrues ou des lochies, la femme enceinte dont le jeûne menacerait sa santé ou celle du bébé qu'elle porte, la personne malade, le voyageur, le vieillard affaibli et les enfants qui n'ont pas atteint la puberté. La fin du mois de Ramadan est marquée par la célébration de **l'*Aïd - el- Fitr***, la fête de la rupture du Jeûne. En ce jour, les musulmans accomplissent la grande prière de la fête dans des espaces ouvertsou dans des mosquées.

Le *Hadj* ou le grand pèlerinage à La Mecque.

Le *Hadj* est le cinquième pilier de l'islam. Sa prescription se trouve dans le Coran,chapitre 3, verset 180 : « Et c'est un devoir envers Allah pour les gens qui ont les moyens, d'aller faire le pèlerinage de la Maison. Et quiconque ne croit pas…. Allah se passe largement des mondes. » ; « Et accomplissez pour Allah le *Hadj* et la *Oumra*[petit pèlerinage].»(Coran, chapitre 2, verset 196). Le *Hadj* consiste à se rendre à La Mecque, en Arabie Saoudite, pour visiter la maison Sacrée d'Allah, la Kaaba. Le *Hadj* se déroule pendant le douzième mois hégirien, appelé *ZoulHidja* et s'achève le jour de la plus grande fête musulmane, à savoir l'Eid-el-Ad'ha ou fête de Sacrifice. En ce jour, les musulmans qui ont les moyens immolent une bête en commémoration à l'acte posé par le messager de Dieu Abraham.

Quelles sont les sources de la religion musulmane :Les sources dans lesquelles l'islam tire ses enseignements sont au nombre de cinq dont les deux principales demeurent le Coran et la Sunnah.

Le Coran, la parole d'Allah.

Le Coran est le livre saint et la première source de l'islam. Il contient la parole d'Allah, transmise au Prophète Mouhammad par l'intermédiaire de l'Ange Djibril. Il comporte 114 Sourates ou chapitres dont la plus importante est la Fatiha ou l'Ouverture :

Au nom d'Allah, le Clément, le Miséricordieux.

Louange à Allah, Seigneur de l'univers.

Le Tout Miséricordieux, le Très Miséricordieux.

Maître du Jour de la rétribution.

C'est Toi [Seul] que nous adorons, et c'est Toi [Seul] dont nous implorons secours.

Guide-nous dans le droit chemin.

Le chemin de ceux que Tu as comblés de faveurs, non pas de ceux qui ont encouru Ta colère, ni des égarés.

Le Paradis avec ses délices éternels est destiné aux élus de Dieu tandis que l'enfer est réservé aux transgresseurs des lois divines. Quant aux Sourates médinoises elles abordent les relations entre les individus et les récits des prophètes tels que Noûhou (Noé), Ibrahim(Abraham), Moussa(Moise), Issa(Jésus), Mouhammad (Mahomet), Youssouf (Joseph), Yahya (Jean), Adam (Adan), Ismail (Ismaël), Is'hâq (Isaac) Yâcoub (Jacob), Souleymane (Salomon), Daoud (David) Yoûnous (Jonas), etc.

La *Sunnah*

La *Sunnah* ou tradition du Prophète est la deuxième source de la religion musulmane. Elle contient les paroles et les actes du Messager relevant d'inspiration divine. Quand il s'agit seulement de sa parole, on parle de *Hadith* (*Ahâdith* au pluriel). Les paroles du Messager sont consignées dans de nombreux recueils dont les plus authentiques demeurent ceux de Al-Bukharî et Mouslim.

L'*Ijma'a*

L'*Ijma'a* ou consensus est une des sources du droit musulman, après le Coran et la Sunnah. Les quatre écoles juridiques et sunnites dans le monde musulman, à savoir, les écoles malikite (Imam Mâlik), hanbalite (Ahmed Ibn Hanbal), hanafite (Abu Hanîfah).

Quels sont les articles de la foi islamique ?

Les articles de la foi islamique sont au nombre de six : la croyance en Allah, en Ses anges, en Ses livres révélés, en Ses messagers, au jour du jugement, en la prédestination en bien ou en mal. Ces six croyances sont :

- **La croyance en Allah.**
- **La croyance en Ses anges.**
- **La croyance en Ses livres révélés.**
- **La croyance en Ses messagers.**
- **La croyance au jour du jugement dernier.**
- **La croyance en la prédestination en bien ou en mal.**

L'islam au Cameroun.

Le Cameroun fait partie des pays africains où la religion musulmane est présente. Une partie importante de sa population pratique l'islam dont l'introduction est ancien. Solidement implanté dans l'espace soudano-sahélien, l'islam fait désormais une incursion dans les sociétés pré-forestières et forestières. C'est le cas du pays bamum et de la région du Mbam. L'islamisation du pays bamum se fait à la fin du XIXe siècle au travers du Lamidat de Banyo. Njiasse Njoya résume ainsi le processus d'islamisation des Bamum.

Tendances actuelles de l'islam dans la ville de Yaoundé.

L'islam dans la ville de Yaoundé est aujourd'hui dominée par deux tendances, à savoir, le *Sunnisme* et le *Chi'isme*. Mais à l'intérieur de ces tendances, il ya des courants dits réformés ou fondamentalistes radicaux.

- **Le Sunnisme.**

Le *Sunnisme* est la tendance majoritaire de l'islam dans le monde (85%) et au Cameroun (99%). Il est représenté par trois principales confréries : **la *Wahhabiyyah*** qui n'est pas une confrérie mais un mouvement né de l'islam politique. C'est l**a *Tidjaniyyah*** qui a véhiculé l'islam au Cameroun pour la 1ère fois.

- **Le Chi'isme.**

Le *Chi'isme imâmite* est la deuxième tendance de l'islam rencontrée au Cameroun. Aux conceptions traditionnelles de l'islam, les chi'ites ajoutent une théorie particulière : celle de l'imâmat, réservant à Ali et à ses descendants le droit de diriger la communauté. Le *Chi'isme imâmite*, ou *ahl-al-bait* est celui qui croit aux douze imams.[37]

L'Islam contribue au développement de la ville de Yaoundé et au dialogue interreligieux au travers des œuvres sociales telles que l'éducation, la formation professionnelle, la santé, l'encadrement des couches vulnérables et l'édification des mosquées.

4. **Les nouveaux mouvements religieux.**

Comme définition générale selon le texte de Jean Moïse MBOG BAYA, dans la contribution à la rédaction d'un document sur les religions au Cameroun, nous retenons ceci : « *les pentecôtistes, les réveillés, les borns again, les Églises de réveil, le pentecôtisme, les assemblées de Dieu, c'est tous ces mots qu'on donne aux Eglises dites de réveille qu'on a appelle Nouveaux Mouvements Religieux* » (NMR)[33]. Il désigne " *un groupe religieux plus récent, moins nombreux ou moins bien accepté qu'une Église*"[34]. Cette définition rejoint davantage celle attribuée aux " *nouveaux mouvements religieux* ", terme pour lequel nous avons opté pour sa neutralité. Pour Ndamba Eboa, « *la religion se définie dans le cadre spirituel comme la reconnaissance par l'être humain d'un pouvoir ou d'un principe supérieur de qui dépend sa destinée et à qui on doit obéissance et respect. Elle invite donc le croyant à une attitude particulière dans le cadre de sa relation avec son Dieu*[35]. »

Il serait donc opportun de faire un bref aperçu sur le cas atypique des Nouveaux Mouvements Religieux dans la ville de Yaoundé, d'exposer leur religiosité et d'examiner leur cohabitation avec les autres religions à Yaoundé. Nous désignerons donc par Nouveaux Mouvements Religieux, toutes les expressions : pentecôtisme en général, « l'Eglise des pleureurs », « l'Eglise du Saint-Esprit ». Cette Eglise est pour le cas d'espèce, « évangélique et dite de réveil dans l'œuvre globale de Dieu».

Pour Jean Moïse MBOG BAYA : « *plusieurs d'entre eux demeurent dans la vie religieuse mondiale depuis des siècles. Une partie d'entre eux se sont détachés des religions*

---

[33] Jean Moïse MBOG BAYA, *le dialogue entre les religions dans la région du Centre-Cameroun, un vivre ensemble des religions pour un développement convivial,* Éditions Croix du Salut, Lettonie, 2019, p.181.
[34] H. Poulain, "*Les Nouveaux Mouvements Religieux*", L'Atlas des religions…, p. 114.
[35] Jean Claude NDAMBA EBOA, *comprendre la spiritualité africaine à travers les religions d'origine abrahamique : judaïsme, christianisme et islam, cours de religion traditionnelle* à la FTPSR-UPAC, 2020, p.1.

traditionnelles tandis que d'autres se sont formés comme des mouvements complètement indépendants.[36] » Au Cameroun, selon l'historien et auteur pentecôtiste Vinson Synan, « *la glossolalie et le pentecôtisme sont des phénomènes des temps modernes* »[37]. En 1986, l'apôtre Samuel Njiè Obaker, a pu regrouper à Yaoundé plusieurs dénominations qui avaient un décret présidentiel et ils s'entendirent sur le fait. Pour Alain Ruben GWET :

« Parmi les groupes représentés, on comptait l'Assemblée Chrétienne des Témoins de Christ (ACTC), l'Eglise Apostolique du Cameroun, la Mission du Plein Evangile (FGM), l'Eglise Frontières Globales (EFG), Wold Wilde Mission (WWM), Deeper Life Bible Church, la Vraie Eglise de Dieu (TCG), ainsi que plusieurs autres leaders et églises qui n'avaient pas encore reçu de décrets présidentiels. C'était une sorte d'augure pour une fin sonnée à la dispersion.[38] »

Arrivée et implantation des Nouveaux Mouvements Religieux dans la ville de Yaoundé.

Le découpage administratif et colonial ne lui avait réservé aucun espace géographique pour son installation comme forme de culte au même titre que les autres depuis 1845, date de la première évangélisation sur les côtes camerounaises, avec l'arrivée des premiers missionnaires occidentaux de la Missions Baptiste de Londres. A son apparition spontanée et instantanée au milieu des années 1950, elle aura deux pôles majeurs. Douala et Edéa seront des sites de balbutiement d'un embryon pentecôtiste indigène.

Cela suppose un mouvement, une migration assumant et matérialisant fièrement un changement de paradigmes. Et c'est à l'observation de cette démarche que les exégètes des religions les qualifient de « Mouvements de Réveil ».[39] Ce sera par les pasteurs Samuel NJIE OBAKER, André MBASSY KOUOH, Samuel DALLE NYAME, Marcel Chrispo EBOBISSE, Jean MOUSSOUNGUEDI MOUANDJO, Abed-Nego NLEBE, Joseph BENAM, Samuel MVONDO pour ne citer que ceux-là que ce mouvement arrivera au Cameroun. Sa formation comme Eglise sur la forme comme sur le fond se fera conséquemment à la rencontre du leadership des deux excroissances évangéliques de l'Assemblée Chrétienne Témoins de Christ (ACTC) et la Croisade Chrétienne du Salut (CCS), dans une gymnastique que Dieu seul connait les articulations et même les énigmes. Elle aura un caractère juridique comme association cultuelle à la suite de deux semaines de conciliabule au sommet de sa hiérarchie de

---

[36]Ibid., p. 7.

[37] Vinson Synan, "*Pentecostalism,"Evangelical Dictionary of Theology*, Walter A. Elwell, ed. (Grand Rapids: Baker Book House, 1971), p. 836; cité par Gerhard Hasel, *Speaking in Tongues: Biblical Speaking in Tongues and Contemporary Glossolalia* (Berrien Springs, Mich.: Adventist Theological Society Pub., 1991), p. 20.

[38] Alain Ruben GWET, *le Pentecôtisme au Cameroun*, de 1952 à 1980, Tome 1, p. 280.

[39]Théophile OBAKER, Juriste Missionnaire, l'Academie Pentecotiste du Cameroun,

valeurs évangéliques. Du 13 au 30 Décembre 1959 se tiendront à Douala au domicile de MOUSSOUNGUEDI MOUANDJO Jean, les travaux devant donner de la consistance à cette nouvelle religiosité au Cameroun par la grâce de Dieu sous l'appellation de : « *Assemblée Chrétienne au Cameroun, Mouvement du plein Évangile* ». Selon Hollenweger, sa reconnaissance juridique par les autorités de régulation des associations interviendra le 29 Juin 1960 à Douala par lettre ministériel n°1319/INT/2, sous le vocable de « *l'Assemblée Chrétienne Témoins de Christ du Cameroun* » avec siège social à Douala/Deido, c'est-à-dire quelques mois après l'indépendance politique du Cameroun naissant intervenue le 1er Janvier 1960[40].

C'est à partir de cette reconnaissance que ce mouvement va commencer à s'exporter à Yaoundé par l'intermédiaire de ses croyants qui venaient s'installer à Yaoundé pour y séjourner et travailler. En 1986, l'apôtre Samuel Njiè Obaker, a pu regrouper à Yaoundé plusieurs dénominations qui avaient un décret présidentiel et ils s'entendirent sur le fait.

Croyances fondamentales des pentecôtistes.

La principale caractéristique du pentecôtisme est probablement l'aspect dynamique de sa liturgie qui inclut des prédications, des chants, des prières et des paroles en langues, ce qui est, pour certains, exaltant, mais pour d'autres, chaotique et déroutant. Leur préférence pour la troisième personne de la Trinité, le Saint-Esprit, et leur accentuation de l'évangile de la puissance constituent certaines de leurs principales doctrines. Considérant les articles de foi de plusieurs regroupements pentecôtistes, ce qui suit est un résumé plutôt qu'une liste exhaustive de leurs croyances basées principalement sur la Déclaration de foi des Assemblées de Dieu (certaines différences entre les Assemblées de Dieu et d'autres groupes pentecôtistes sont présentées dans la bibliographie).

Le nombre d'églises de réveil au Cameroun avoisinerait mille.[41] Elles sont disparates et vont d'enseignes légales rassemblant des dizaines de milliers de fidèles sur l'étendue du territoire aux «églisettes» constituées de dizaines de membres dont l'unique lieu de culte est le domicile du pasteur. Hormis l'opposition radicale aux catholiques, ces églises se livrent une concurrence sans ménagement. Avec le temps, le clergé des églises de réveil se « camerounaise ». Pour leur contribution au dialogue interreligieux dans la ville de Yaoundé, contrairement aux églises missionnaires qui construisent des écoles et centres de santé, les églises de réveil ont peu d'activités de développement social. Cependant, des églises telles que la Winner Chapel International et Kingship International ont une existence légale et sont mieux structurées avec

[40] Ibidem. Théophile, p.9.
[41] Entretiens de Crisis Group, chargés d'étude au MINATD, Yaoundé, mars 2015.

une présence dans plusieurs régions. Elles disposent d'une école secondaire, de centres de santé et d'une chaîne de télévision.[42]

Conclusion partielle.

Voilà le panorama des religions tel que nous l'avons identifié dans la ville de Yaoundé. Certainement d'autres tendances de religions s'y trouvent et nous ont échappées. Toutefois, parmi les religions qui ont pignon sur rue dans la ville de Yaoundé, nous en avons identifié quatre grands groupes : le Christianisme, l'Islam, les Nouveaux Mouvements Religieux et les Religions Traditionnelles Africaines. Chacune de ces religions qui œuvrent dans la ville de Yaoundé se livre à un prosélytisme outrant. Les conditions socio-économiques aidant, chacune de ces religions pour se maintenir doit jouer sa partition en élaborant des stratégies pour gagner des fidèles à sa religion d'une part, et d'autres parts, chacune fait face au défi de maintenir ses fidèles dans sa chapelle au risque élevé de les perdre parce qu'ils sont tenté d'aller voir ailleurs. Dans ce climat de compétition, tous les coups semblent permis entre religions pour cette bataille pour le gain et la conservation des fidèles et des finances. Le vivre ensemble entre les populations adeptes de ces religions semble donc en péril et délétère dans cette ville de Yaoundé.

[42] Winners Chapel International revendique 50 000 fidèles, Liberty Ministry International et Kingship International déclarent 25 000 fidèles chacune. Entretiens de Crisis Group, pasteurs et fidèles de ces églises, Douala, décembre 2014.

CHAPITRE III: LES PROXIMITES ET LES DISTANCES ENTRE LES RELIGIONS PRESENTENT DANS LA VILLE DE YAOUNDE.

Introduction partielle.

La confrontation entre les manières différentes de concevoir les fondements de la vision religieuse des différentes religions en présence dans la ville de Yaoundé oblige le chercheur à une démarche de comparaison des faits religieux des différentes religions. Parce que les principes interactionnels susceptibles d'encadrer le libre exercice de la pratique religieuse de ces religions est garanti par la Constitution du Cameroun et par la loi sur la liberté d'association, la liberté de religion et la liberté de conscience. Dans la perspective d'un dialogue probable entre ces religions il est nécessaire d'examiner les proximités et les distances entre ces religions. Dans ce Chapitre III, nous allons découvrir les proximités, les distances entre ces religions. Dans un premier temps, nous allons découvrir les autres religions avant d'analyser leurs distances et leurs proximités.

1. l'Eglise adventiste du 7eme jour au Cameroun.

Selon le texte que nous a remis l'Ancien BAKARI au nom de l'Eglise Adventiste du 7ème jour au Cameroun, l'identité de l'Église adventiste ne peut être établie indépendamment de son histoire. Il convient de la situer dans le prolongement d'un vaste mouvement prophétique parti du Wurtemberg, en Allemagne, à la fin du dix-huitième siècle. La Révolution française, les guerres qui l'accompagnèrent, l'expansion industrielle, constituèrent le ferment d'un immense réveil religieux. Ce mouvement émigra en Angleterre puis en Amérique du Nord et embrasa tous les États confédérés. Dans le cadre de grandes assemblées sous la tente, des prédicateurs appelèrent les foules à se réformer, et l'éveil du sentiment religieux déboucha sur la création de grandes sociétés missionnaires protestantes en terres païennes.

L'histoire de l'Église Adventiste du 7ème Jour au Cameroun dans la ville de Yaoundé.

L'église a commencé en novembre 1926 quand W.H Anderson, fondateur de quelques missions en Afrique du Sud et dans le Congo, a choisi le site de la première station à Nanga-Eboko, 100 Km du Nord de Yaoundé, la capitale. A la fin de l'année 1928, Robert L. Jones a organisé la première école primaire. Le 1er janvier 1929, le Cameroun a été attaché à la Division Sud Européenne, et Marius Raspal, qui a commencé le travail de pionnier à Madagascar, était appelé. Il a posé la première brique de construction à Nanga-Eboko et a conduit là le premier baptême. Daniel Ndi, Josué Medjo et Antoine Mpfoumi étaient les premiers convertis. Au deuxième baptême, les épouses : Ndi et Medjo se sont jointes à l'église. Le 12 mars 1930 quand 11 personnes adultes ont été baptisées, la première église adventiste était organisée. Avec l'arrivée des deux missionnaires : Serge Yérétzian et Aimé Sallée, le travail grandissait. Les évangélistes nationaux ont été formés rapidement et ont été envoyés pour superviser les stations : Nsem, Andom, Mbong, Eteké, Ngama, Mbangué, Mbiang, Wall, Gandja, et Menga. Les travailleurs nationaux comme pionniers étaient Daniel Ndi, Josué Medjo, Robert AMougou, Thomas Ndongo, Joseph Eto, Samuel Bina, Joseph Assou, Joseph Mimbiang, Antoine Mpfoumi et Pierre Assamba. En 1930 la seconde station a été ouverte à Batouri, et en 1936 la troisième, à Ndoumbi. Le travail a progressé continuellement dans cette région, et le contact a été établi avec les pygmées après quelques années, en 1955.

Ce que croient les adventistes.

Les Adventistes reposent leur foi en Dieu telle que révélée à travers Jésus Christ et telle que présentée par la Bible inspirée de Dieu. La Bible Écrite pendant plusieurs années, la Bible présente la vérité essentielle concernant Dieu. L'Union des Eglises adventistes au Cameroun a été organisée depuis le 1er janvier 2014 à la suite de l'éclatement de l'Union des Eglises Adventistes en Afrique centrale qui a tenu de 1949 au 31 décembre 2013. Elle comprend quatre (6) champs missionnaires : Sept (2) fédérations: Adamaoua Mayo-Rey, Centre et Sud Cameroun, Est Cameroun, Mbam-Sanaga, Nord Cameroun, Nyong-Afamba, Ouest Cameroun ; et une Mission : Benoué et Faro.

Près de 500 000 personnes parmi lesquelles environ 110 000 personnes adultes baptisées prennent part chaque samedi aux réunions missionnaires dans les églises et groupes adventistes. Il y en a environ 1500 à travers le pays. Dans le but de la réalisation de sa mission l'Eglise adventiste au Cameroun et de la contribution au dialogue interreligieux, l'Eglise Adventiste gère un certain nombre d'institutions éducatives (environ 15 000 inscrits) et sanitaires :

Quelques Institutions éducatives entre autres :

Université Adventiste Cosendai – Campus de Yaoundé ;
Collège adventiste d'Odza (Yaoundé, Centre Cameroun) ;
Adventist School Complex of Odza – système anglophone ;
Collège adventiste de Yaoundé (Centre Cameroun) ;
Adventist College of Yaounde – système anglophone ;
Clinique dentaire adventiste de Yaoundé ;
Dispensaire adventiste de Yaoundé ;
Centre de Santé Jean et Thérèse Bikanda (Yaoundé).

Autres institutions:

Imprimerie adventiste (Yaoundé, Cameroun);
Radio « Il est écrit » (Yaoundé).

2. La Religion Traditionnelle Africaine (RTA).

Selon le cours que nous avons eu avec le Rév. Dr. NDAMBA EBOA[43] en 2ème année de Licence, la compréhension de la religion africaine ne peut se faire qu'à travers l'exploration de ses mythes, ses contes, ses légendes et ses. L'étude de la religion africaine a été faite par les chercheurs d'origine non-Africaine ou par des hommes appartenant à d'autres religions.

> *« Presque tous les ouvrages sur les religions africaines ont été écrits par des auteurs chrétiens ou par ceux qui n'avaient rien à apprendre de cette spiritualité. De nos jours, le système de croyance religieux africain, parce qu'il a été abordé par des non-africains (missionnaires chrétiens et arabo-musulmans) pour le combattre d'une part, et par les représentants de la colonisation qui se disaient être détenteurs de la civilisation qu'ils ont eu la charge de transmettre au peuple sauvage, barbares, sans culture d'autre part, le phénomène religieux africain a été présenté et continue d'être présenté de façon négative, exception faite chez les promoteurs de la théologie de la libération. »*

Parce que cette religion est basée sur les rites qui se transmettent de bouche à oreille, son accessibilité est un mythe pour les nos pratiquants. Émilie Tremblay[44] pose ces quelques questions :

> *« Comment nommer et représenter le phénomène religieux africain? Quelles notions permettent de rendre compte des expériences et des réalités contemporaines de différents peuples et de différentes communautés pour parvenir à une vision juste et équitable de ces religions? Comment éviter de nourrir un préjugé trop favorable ou encore un exotisme construisant une image idéalisée de l'autre, et de consolider des préjugés négatifs18? Avec ces questions en tête, j'ai exploré plusieurs types de ressources documentaires, dont un corpus de cartes géographiques des religions du monde afin de comparer le traitement des RTA. Les outils visuels peuvent-ils nous aider à nous faire une représentation des RTA? Quelles informations y sont données*

---

[43] Jean Claude NDAMBA EBOA, « Comprendre la spiritualité africaine à travers les religions d'origine Abrahamique: Judaïsme, Christianisme et Islam » Cours non édité, FTPSR, 2020.

[44] Émilie Tremblay, Représentations des religions traditionnelles africaines : Analyse comparative de réseaux régionaux et disciplinaires africains et occidentaux, Mémoire présenté à la Faculté des études supérieures en vue de l'obtention du grade de maîtrise (M.A.) en sciences des religions, Université de Montréal, Faculté de théologie et de sciences des religions Juin, 2010, p. 13 et SS.

pour traduire la diversité religieuse mondiale? Peut-on y percevoir les systèmes de valeurs de ceux qui conçoivent ces outils? »

Le Rév. Dr. NDAMBA EBOA Jean Claude[45] dans son cours sur « comprendre la spiritualité Africaine a travers les religions d'origine abrahamique : judaïsme, christianisme et islam » de Licence 2 nous a dit ceci :

> *« la religion du latin « religio» » signifiant attention scrupuleuse, vénération, le mot venant lui-même de « religere » à savoir recueillir, rassembler, ramasser, lire. Dans le cadre du contexte religieux, on peut tout simplement affirmer qu'il vient du latin « religare », c'est-à-dire relier, ou encore encadrer. Il s'agit donc de relier deux êtres, c'est-à-dire un phénomène chargé de relier deux êtres, Dieu le créateur et l'homme la créature qui subit l'encadrement de Dieu. Dans le cadre de sa pratique, la religion se présente comme un ensemble de rituels liés à la conception d'un domaine sacré différent du profane et chargé à mettre l'âme humaine en relation avec Dieu.»*

Cette compréhension nous permet d'envisager de parler des religions qui travaillent à aider les citadins de Yaoundé à s'unir à leur (s) Dieu (dieux). Pour sa part, le Rev. Dr. MOUNDE Lucas[46], dans son cours sur « *l'histoire de la relation islamo-chrétienne, réflexions sur les proximités et les distances entre l'Islam et le christianisme sur les plans culturel et moral »* de Licence 3, nous dit que :

> *« il y a beaucoup de choses qui nous rapprochent et qui nous distancent. Les chrétiens et les musulmans s'entendent sur la vision de la connaissance de Dieu qui a pour sources : la création, la réflexion de l'intelligence et la révélation. Nous sommes des hommes de raison et de foi à la fois. De nombreuses citations bibliques et coraniques montrent que nous croyons en un Dieu Unique, Vivant et Subsistant. Créateur des cieux et la terre, qui aime les hommes, qui pardonne et fait miséricorde, qui est digne de louanges et de gloire, qui envoie des prophètes, qui ressuscite les morts et satisfait les âmes. L'affirmation centrale d'un Dieu unique est commune aux chrétiens et aux musulmans.»*

Il est donc question dans ce chapitre de parler de des religions qui entrent en dialogue autour de leurs croyances en Dieu. La ville de Yaoundé capitale du Cameroun qui fait partie de

---

[45]Jean Claude NDAMBA EBOA, *Cours sur, comprendre la spiritualité Africaine a travers les religions d'origine abrahamique : judaïsme, christianisme et islam, Licence 2,*FTPSR-UPAC, 2020.

[46]Lucas MOUNDE, *cours sur l'histoire de la relation islamo-chrétienne, réflexions sur les proximités et les distances entre l'Islam et le christianisme sur les plans culturel et moral, Licence 3*, FTPSR-UPAC, 2020.

l'Afrique noire n'échappe pas à cette réalité. Jean Moïse MBOG BAYA[47]dans son livre sur le Phénomène religieux, vue d'ici et d'ailleurs pose le questionnement suivant :

> « *Quoiqu'on dise pour chercher Dieu et le trouver, il est bon de chercher longtemps, de se poser des questions. Il est même permis de se tromper pour enfin le découvrir. Mais où se trouve ce Dieu ? N'est-ce peut-être pas dans une religion ? Ou alors, c'est dans la nature ou dans sa création ? De quoi parlent toutes les religions qui existent sur terre ? Comment naissent ces religions ? Pourquoi parlent-elles de Dieu et sont-elles en guerre ? Qu'est-ce qui poussent ces religions à s'organiser en ecclésiologie et même en formes de gouvernements ? Quelle est la religion idéale et en quoi est-elle spéciale ? Pourquoi être membre d'une religion à la fois ou alors peut-on être membre de plusieurs religions ? Peut-on vivre sans religion ? Ce sont là quelques questions qui nous ont poussées à nous intéresser sur ce qu'est le fait religieux ou du phénomène religieux. Comment le vit-on par ici et ailleurs ?* »

Ces questions nous permettront d'identifier éventuellement les différentes religions présentes dans la ville de Yaoundé. Pour le faire, nous nous sommes rapprochés des sièges de certaines religions légales au Cameroun. Leurs Administrations nous ont confié à des experts qui nous ont dit en leurs noms, comment chaque religion se présente elle-même. Cette présentation fera ressortir les points suivants : l'identité et la définition ; les spécificités, les rivalités et les analogies ; la conception de Dieu ; les Ecritures et les traditions ; l'organisation, les règles et les pouvoirs.

Pour essayer de trouver des réponses à ces questions, nous considérons cette déclaration d'AFIGBO[48] :

> « Une *world religion* puisqu'elles proposent une explication du monde ou du cosmos. Opoku, dans le même sens, affirme que les RTA doivent être considérées comme « *a whole system with a coherence of its own*». Il donne cette définition des RTA: *African traditional religion represents our forefathers' effort to explain the universe and the place of man in it in their own way* (Opoku, 1977: 13). (Opoku, 1993: 79)."

La Religion Traditionnelle Africaine "survit", dans la ville de Yaoundé surtout par des syncrétismes avec l'islam et le christianisme. En effet, si une grande partie des croyants aux religions traditionnelles dans la ville de Yaoundé sont aujourd'hui musulmans ou chrétiens, leur

---

[47]Jean Moïse MBOG BAYA, *Le phénomène religieux, vue d'ici et d'ailleurs*, Editions Universitaires Européennes, Mauritius, 2020, p.3.

[48]« *the umbrella of a single state or evolve state systems of any great size* » (Afigbo, 1981: 1-2)

islam ou leur christianisme reste très influencé par la religion d'origine. On peut la définir comme un ensemble des croyances et des pratiques culturelles qui fondent les rapports entre les hommes et le sacré. Ou encore, le rapport de l'homme à l'ordre du divin ou d'une réalité supérieure, tendant à se concrétiser sous la forme de systèmes de dogmes ou de croyances, de pratiques rituelles et morales. Ou enfin, l'ensemble de pratiques et de rites spécifiques propres à chacune de ces croyances. MBUEDA TCHOUATA Vitalice[49] dans son Mémoire de Licence a dit que :

> *« Dans la ville de Yaoundé, chaque peuple, ou groupe d'individus a sa religion traditionnelle. C'est ainsi qu'on peut parler de la Religion Traditionnelle ou des Religions Traditionnelles chez les peules des plateaux de l'ouest, des forêts tropicales côtières, des forêts tropicales du sud et les chez les peuples des régions semi-arides du nord. »*

Présentation de quelques pratiques de la Religion Traditionnelle Africaine dans la ville de Yaoundé.

* ***La/les religion(s) traditionnelle(s) chez les Bamiléké.***

> *« Les Bamilékés sont un peuple d'Afrique centrale, vivant au Cameroun et représentent la majorité de la population dans la région de l'Ouest. C'est le plus grand groupe ethnique du pays[50].Les Bamilékés sont en matière de spiritualité d'une grande complexité. L'ensemble de leur organisation religieuse traditionnelle est composée de pratiques d'initiations, de méditations et de rituels. Leur religion est bipolaire en matière de spiritualité puisqu'ils pratiquent le culte des ancêtres et le culte des divinités[51] (dans la forêt sacrée), ils reconnaissent que Dieu peut être atteint à travers ses anges (divinités).Ils appellent Dieu « SI ».*

NB : dans la mesure où il n'y a pas de forêt sacrée dans la ville de Yaoundé, les Bamiléké délocalisent donc leurs pratiques religieuses dans des petites chambres ou au pied d'un arbre. Mais en cas de problème majeur, ils se déplacent pour la forêt sacrée du village pour trouver la solution (blocage spirituel, envoutement,…).

* ***La/les religion(s) traditionnelle(s) chez les Bassa***

---

[49]Vitalice MBUEDA TCHOUATA, La méthode du journalisme professionnel comme moyen efficace pour la promotion du dialogue interreligieux dans la ville de Yaoundé, Mémoire de Licence à la FTPSR, UPAC, juin 2020, p.9 à 12.

[50]A. DEBEL et al, *Le Cameroun aujourd'hui*, Paris, Éditions du Jaguar 2011, p. 37.

[51] E. TCHINDA, *Les religions traditionnelles chez les Bamiléké*, Paris, L'Harmattan, 2016, P. 78.

Les Bassa sont un peuple bantou d'Afrique centrale vivant au Cameroun. Ils croient au « Nyambe ». Le Nyambéisme est un système de croyance basé sur « Nyambe »[52], *nom donné à Dieu par plusieurs peuples bantous*[53] *.Une des variantes du Nyambéisme Africain se retrouve dans le Mbok des Bassa du Cameroun*[54]*.Le peuple Bassa croit à l'existence d'un ancêtre commun appelé Hilôlômbi (celui qui vit de toute éternité) ou ngé (ancêtre commun). Le peuple Bassa considère la grotte de Ngok Lituba comme un lieu saint.*

* ***La/les religion(s) traditionnelle(s) chez les Béti***

Le terme « béti » renvoie au sous-groupe fang établi en majorité dans la région du Centre et du Sud Cameroun[55]*. La religion Béti est d'essence monothéiste caractérisée par la foi en une énergie créatrice divine qui touche tous les domaines de la vie de l'homme. Les Béti reconnaissent les ancêtres et les esprits comme intermédiaires entre Dieu et les hommes.*

* ***La/les religion(s) traditionnelle(s) chez les* Peuls.**

Les Peuls, appelés aussi Foulani, Fulbhés, Fulfulde, Pular ou encore Fellata selon les pays, sont un peuple traditionnellement pasteur établi dans toute l'Afrique de l'Ouest et au-delà de la bande sahélo-saharienne, soit au total une quinzaine de pays différents.[56] *Le Dieu créateur est « Guéno », il est increé et vit dans l'éternité. Le panthéon Peul comporte vingt-huit divinités (dieux secondaires).*

- ***Organisation de la Religion Traditionnelle dans la ville de Yaoundé.***

Dans la ville, les formes de regroupements de la religion traditionnelle sont regroupées au sein de l'Association des Religions Traditionnelles du département du Mfoundi (ACTRAM) sous l'égide de Sa majesté Abanda Pie, président de la dite association. Elle regroupe en son sein les chefs traditionnels des différents arrondissements de la ville de Yaoundé a pour siège la maison communautaire de Nkolbisson. (...) C'est ainsi qu'a Yaoundé, on peut trouver entre autres des chefferies telles que : la chefferie Bangang à Yaoundé, la chefferie Batcham à Yaoundé, la chefferie Mvog-Mezang à Yaoundé, etc. aujourd'hui dans la ville de

[52] E. WOGNON, *Les Bassas du Cameroun. Monographie historique d'après la tradition orale*, Burkina, Harmattan, 2010, p. 111.
[53]G. SERAPHIN, et al, *L'effervescence religieuse en Afrique : la diversité locale des implantations religieuses chrétiennes au Cameroun et au Kenya*, Paris, Karthala, 2004, p. 122.
[54]E. WOGNON, Op.Cit, P. 116.
[55] C. BELA « Les fang-Betip » dans Yves Le Fur, 2018, P. 78.
[56]*Atlas des minorités dans le monde*, 2008 / *Cartes de la répartition géographique des Peuls*, Roland breton, 2008, p. 76.

Yaoundé, on récence environ une centaine de chef traditionnels avec plus de cinq cent adeptes. »

Toutes ces religions Traditionnelles Africaines présentent dans la ville de Yaoundé, travaillent à la consolidation de la paix et du vivre ensemble par l'appel à leurs membres au retour aux sources religieuses tribales et à la recherche de la paix sans prosélytisme.

3. Les proximités.

Nous n'en ferons pas un tableau comparatif ici dans notre réflexion. Parce qu'une caractéristique singulière de ces religions est d'être, les unes envers les autres, dans des rapports non seulement de filiation mais aussi d'interdépendance identitaires. Pour le Christianisme, l'Islam, les Nouveaux Mouvements Religieux et l'Eglise Adventiste du 7ème jour au Cameroun, toutes, en effet, sont héritières d'une même conception inédite, celle d'un Dieu unique, universel, indépendant de la nature, de toutes fonctions et limitations géographiques, essentiellement moral. Ce monothéisme, qui débute avec le « Dieu d'Abraham», est le trait commun qui les distingue de toutes les autres formes religieuses. Pourtant, ce trait commun est aussi ce qui a généré leurs tensions différentielles, chacune se réclamant de la même unicité de Dieu tout en se distinguant des autres, mais sans pouvoir non plus tout à fait penser son identité sans faire référence à elles. Pour Tzvetan TODOROV[57] :

> *« Islam et christianisme sont des religions prosélytes, qui n'ont pas hésité à imposer la conversion de nombreuses personnes – sur ce point, elles n'ont historiquement rien à envier l'une à l'autre. En lien avec la sourate « S'ils embrassent l'Islam, ils seront bien guidés. Mais, s'ils tournent le dos... Ton devoir n'est que la transmission du message » (sourate 3, 20), on peut évoquer l'Évangile,« Contrains-les d'entrer (dans la maison de Dieu) » (Luc, 14-23),qui a servi de justification à de nombreuses pressions pour la conversion. Mais on trouvera facilement aussi, de part et d'autre, des citations appartenant au registre de la tolérance et du bien que l'on veut pour autrui.* »

Contraindre le fidèle se réclamant de la foi d'Abraham à retourner à Dieu et à l'adorer est une proximité entre les deux religions. Nous observons que « *les nouveaux courants islamiques et chrétiens se déploient en organisant des mobilités à visée explicitement missionnaire. Campagnes d'évangélisation chez les pentecôtistes et da'wa chez les musulmans constituent les formes principales de ces déplacements visant à la conversion ou, plus*

[57]Tzvetan TODOROV dans, *« moyens pacifiques et moyens guerriers se retrouvent bien représentés dans chacune de ces deux grandes religions monothéistes »* La Peur des barbares (2008), (p. 227-228).

exactement, à la re-conversion des Camerounais.»[58]Dans le christianisme, l'évangélisation et l'attitude prosélyte qui lui est associée est une injonction du Christ rapportée dans les Évangiles : «allez, faites de toutes les nations des disciples, les baptisant au nom du Père, du Fils et du Saint-Esprit, et enseignez-leur à observer tout ce que je vous ai prescrit » (Matthieu, 28, 19-20). L'idée même de mission fait référence à l'envoi du Fils par le Père pour sauver les hommes.

Dans l'islam, l'attitude prosélyte est également centrale, le prophète Muhammad s'étant engagé à lutter pour enseigner à son peuple quel est le vrai Dieu : *« et combattez-les jusqu'à ce qu'il ne subsiste plus d'association, et que la religion soit entièrement à Allah* » (sourate 8, 39). Rappelons que le Jihad est considéré par les exégètes comme une éthique individuelle en vue d'atteindre un objectif donné, c'est-à-dire un effort sur soi-même pour s'élever au-dessus des contingences, en privilégiant le spirituel. Historiquement, le jihad est surtout devenu la guerre contre les non-musulmans et les apostats – ou ceux considérés comme tels –, séparant ainsi le monde en deux grands territoires : le territoire de l'Islam(dâr al-islâm) et celui de l'impiété (dâr al-kufr) synonyme de territoire de guerre (dâr al-harb).

Les réalités contemporaines bousculent ces catégories traditionnelles et poussent les doctrinaires à en inventer d'autres. Désormais, les militants islamiques vivant hors des territoires de l'Islam parlent de trois territoires : à la traditionnelle dyade dâr al-islâm / dâr al-harb est venue s'ajouter la maison de la prédication, dâr ad-da'wa, ou territoire de mission. Ainsi, le combat du musulman vivant sous un pouvoir non musulman (réalité courante dans la ville de Yaoundé en ce siècle des mobilités et des migrations) passe désormais par la publicisation de sa religion et un respect exemplaire de ses préceptes.

La Religion Traditionnelle Africaine invite à un retour vers Dieu au travers des ancêtres. L'africain converti aux religions précitées est appelé à l'Adoration de Dieu pour un besoin fondamental existentiel. Ceci est aussi une proximité entre toutes ces religions parce qu'elles appellent le fidèle à l'adoration d'un Dieu qui a normé la vie selon les règles contenues dans la liturgie ou le rituel de chaque religion. Pour Massimo LEONE[59] :

> *« Les traditions religieuses seraient donc des « grammaires de l'infini », des codes amoureusement partagés par des groupes et des communautés — et cependant continuellement changeants —, par lesquels l'abîme de la potentialité est en quelque sorte « apprivoisé », pas seulement dans le sens péjoratif du terme (impliquant une dilution de l'expérience du*

[58]Ib. Maud Lasseur ATER.

[59]Massimo LEONE, *Métaphysique » et « physique » de la liberté religieuse dans la philosophie sémiotique du sens*, http://epublications.unilim.fr/revues/as/5548, consulté le 21/02/16 08:08.

> *tourbillonnement et du vertige de l'infini), mais également dans le sens, plus proche de l'étymologie, d'une « privatisation » de l'infini. Dans les cultures et dans les traditions religieuses, l'humain parvient à habiter l'infini, à en faire sa demeure, à vivre avec le paradoxe d'une finitude infinie et d'une infinitude finie.* »

Ceci est une proximité dans toutes ces religions en présence dans la ville de Yaoundé. C'est la notion même de la liberté religieuse que partagent en commun toutes ces religions œuvrant dans la ville de Yaoundé.

4. Les distances.

L'absence de magistère doctrinal unique en islam, comme dans les autres religions loin d'avoir empêché la production de discours hérésiographiques, en a favorisé la prolifération. Le christianisme et l'Islam, leurs regards ont souvent porté sur l'étendue de leurs désaccords plus que sur les croyances qu'ils ont en commun. Fondamentalement, ils diffèrent sur la nature de la révélation de Dieu par le Christ et par Muhammad, c'est-à-dire sur le caractère de la prophétie.

L'islam, qui reconnaît plusieurs figures importantes de la Bible dont Abraham, Moïse et même Jésus et Marie, remet en cause l'incarnation de Dieu en Jésus-Christ. Selon l'islam, Jésus ne peut être le fils d'un Dieu unique, soit « *une unité absolue qui n'a pas conçu et n'a pas été conçue, et n'a point d'égal* » (sourate 112, 3-4).

Outre la critique dressée aux chrétiens qui voient en Jésus le fils de Dieu, l'islam remet aussi en cause le caractère trinitaire des personnes en Dieu, c'est-à-dire les trois hypostases du Père, du Fils et du Saint-Esprit.

Dans les distances, nous constatons aussi la notion du changement dans l'interprétation des textes. Parce que justement rien n'est statique, les divergences entre les différentes religions présentes dans la ville de Yaoundé est source de distance entre ces religions entre elles.

Conclusion partielle.

L'islam n'accepte pas l'associativisme mais prône l'unicité de Dieu. Le développement d'un dialogue interreligieux où les acteurs ne se mélangent pas mais reconnaissent dans la religion de l'autre un véritable interlocuteur, partenaire ou concurrent, n'est sans doute pas étranger à ce phénomène. Par la reconnaissance de leurs proximités et de leurs distances, ces religions entrent dans un dialogue constructif. Cette reconnaissance mutuelle, qui n'a d'ailleurs pas concerné les religions autochtones de statut mineur, puisque dans leur cas on n'a jamais parlé de dialogue interreligieux, s'est construite au cours du XXe siècle dans une élaboration progressive répondant aux crises conjoncturelles. Longtemps elle a pris la forme d'un militantisme moral engagé pour la paix, inspiré par des gens éduqués, soucieux de montrer que les personnes civilisées pouvaient vivre ensemble. Mais en sous-main, les vérités uniques et universelles ne se discutaient pas de sorte que, paradoxalement, les lieux du dialogue interreligieux furent aussi l'occasion pour chacun de se recentrer sur lui-même, et de redire son influence dans le curieux échiquier des trois religions. Aussi, tapie dans l'ombre, la crainte des conversions est-elle toujours présente et le prosélytisme redouté comme le grain de sable pouvant gripper les rouages d'un fragile dialogue. Tout espoir de rapprochement n'est cependant pas voué à l'échec, bien au contraire. Si, en effet, l'invention institutionnelle du dialogue interreligieux n'est jamais parvenue à dépasser les vérités distinctives des théologies concurrentes (mais était-ce seulement son ambition?), il existe en revanche un autre travail, sur le terrain, besogneux et régulier, qui opère quant à lui une prometteuse action tantôt syncrétique tantôt accommodante. Il s'agit, tout simplement, du phénomène religieux en tant qu'activité sociale, vécue par des gens ordinaires qui vivent chaque jour côte à côte ; celle-là est en ébullition, toujours en train de se réinventer, de se faire, défaire et refaire.

CHAPITRE IV: L'ASSOCIATION CAMEROUNAISE POUR LE DIALOGUE INTERRELIGIEUX (ACADIR) COMME PLATEFORME DE PROMOTION DE LA PAIX ET LA CONVIVIALITÉ DANS LA VILLE DE YAOUNDE.

Introduction partielle.

L'ACADIR est une association interreligieuse qui tient compte des distances et des proximités entre les religions au Cameroun en général, et en particulier entre ses membres. Dans ce Chapitre IV, nous allons découvrir sa présentation générale, son historique, ses missions, ses réalisations, ses perspectives et notre position en faveur d'une plateforme pour un dialogue interreligieux dans la ville de Yaoundé. Selon Jean Moïse MBOG BAYA[60] parlant de cette association déclare :

> *« L'idée d'initier un dialogue islamo-chrétien est née à Maroua en janvier 2001 lors de l'Assemblée générale de la Conférence Épiscopale des Évêques du Cameroun (CENC). Fondée en novembre 2006 par quatre partenaires : l'Église catholique, le Conseil des Églises Protestantes du Cameroun (CEPCA), l'Église Orthodoxe et la Communauté musulmane, l'ACADIR est une association apolitique, une plate-forme de rencontre et de dialogue entre les religions d'une part, et entre les religions et l'État d'autre part, en vue de promouvoir la paix, la concorde et le progrès social au Cameroun. Elle se présente également comme un organe de consultation pour tout ce qui concerne les aspects religieux et éthiques de la vie de la nation. L'ACADIR est dotée des Statuts et d'un Règlement intérieur. Elle est composée de trois organes principaux : l'Assemblée Générale, le Conseil Permanent et le Bureau Exécutif.* Suivant l'Article 5 des Statuts qui dit que : *l'ACADIR est constitué de membres fondateurs et de membres adhérents. Les membres fondateurs sont la Conférence Épiscopale Nationale du Cameroun (CENC), l'Eglise Orthodoxe, le Conseil des Eglises Protestantes du Cameroun (CEPCA) et la Communauté Islamique. Chacune de ces organisations désigne des représentants à l'Assemblée Générale.»*

Ceci nous donne à considérer la vision du dialogue selon Jean-Paul II qui écrit[61] :

> *« Le dialogue est en même temps la recherche de ce qui est et reste commun aux hommes, même dans les tensions, oppositions et conflits. En ce sens, c'est*

---

[60]Jean Moïse MBOG BAYA, le dialogue entre les religions dans la Région du Centre, un vivre ensemble des religions pour un développement convivial au Cameroun, Éditions la Croix du Salut, 2019, p.43.

[61]Message pour la Journée mondiale de la Paix 1983, n. 6.

partager avec lui la responsabilité devant la vérité et la justice. C'est proposer et étudier toutes les formes possibles d'honnête conciliation, en sachant joindre à la juste défense des intérêts et de l'honneur de la partie que l'on représente la non moins juste compréhension et le respect des raisons de l'autre partie, ainsi que les exigences du bien général commun aux deux. »

1. Présentation de l'ACADIR.

Pour l'abbé ETOUNDI ESSAMA[62] Etienne :

« Le dialogue interreligieux est un dialogue qui met en relation les adeptes des grandes religions du monde à l'instar du dialogue islamo-chrétiens entre les Chrétiens et les Musulmans. Le dialogue de vie a toujours existé entre les croyants de notre pays dans les quartiers, dans les bureaux ou dans les partis politiques. Il est question d'un dialogue formel et structuré d'échanges théologiques ou d'expériences spirituelles. Le dialogue interreligieux au Cameroun pourrait connaitre deux phases : la première phase avec une tentative avortée et des tentatives abouties. La tentative avortée est celle qui avait été accouchée sur le papier à Yaoundé en 1970 entre Chrétiens et Musulmans mais sans lendemain. »

- *Le Chapitre camerounais de la **« Conférence mondiale des religions sur la paix »**, devenue plus tard **« Religions Pour la Paix »**, autour du Dr Adamou Ndam Njoya dans la région de Foumban dans les années 80.*
- *La **« Campagne Semaines Pascales »** sous l'initiative de l'ONG CIPCRE à Bafoussam dans les années 90 où Catholiques, Protestants et Musulmans se mobilisaient ensemble pour dénoncer et combattre les fléaux sociaux à travers une caravane nationale de célébrations interreligieuses. Elle a été remplacée depuis novembre 2018 par le Mouvement Interreligieux pour la Paix et le Développement Holistique (MIPADH).*
- *Le **« Forum Cameroun »** réunissait aussi, dans les années 2000, Protestants, Catholiques et Musulmans pour réclamer auprès des instances internationales l'annulation de la dette du Cameroun. La deuxième phase est celle de l'avènement en 2006 de l'Association Camerounaise pour le Dialogue interreligieux (ACADIR) devenue en décembre 2020 Conseil camerounais pour le*

[62] Abbé Etienne ETOUNDI ESSAMA, Coordinateur de la CAT / ACADIR et Président du Bureau Exécutif de l'ACADIR, Bertoua, le 10 mars 2021.

Dialogue interreligieux (ACADIR). L'initiative de l'ACADIR est la mieux aboutie car non seulement elle rassemble Catholiques, Protestants et Musulmans comme les associations interreligieuses ci-dessus mais elle a accroché les Orthodoxes ; mais encore elle est la plateforme interreligieuse la plus importante et la plus représentative au Cameroun. »

2. Historique de l'ACADIR.

L'ACADIR a été créé le 15 novembre 2006, voici quatorze ans, avec quatre membres fondateurs : l'Eglise catholique romaine, le Conseil des Eglises protestantes du Cameroun, l'Eglise grecque orthodoxe et la Communauté musulmane. Mais le berceau de l'ACADIR se trouve au ***« Colloque sur le Dialogue interreligieux »*** tenu à Maroua en 2001. Évènement exceptionnel. C'est la première fois dans notre pays que ces quatre communautés de foi se mettaient ensemble pour un projet commun. L'ACADIR est doté des Statuts et d'un Règlement intérieur. Elle a été légalisée le 25 juin 2007 par le Préfet du Mfoundi. C'est une association apolitique et à but non lucratif (Article 2).L'ACADIR est composé de trois organes principaux : **l'Assemblée Générale** qui se réunit une fois par an, le **Conseil Permanent** qui a en principe deux rencontres annuelles et le **Secrétariat Général** qui gère au quotidien l'Association (Article 3). Si l'Assemblée Générale est l'Organe délibérant, le Conseil Permanent veille à l'exécution des décisions prises pour la réalisation du programme de l'ACADIR. Le Secrétariat Général, quand à lui, assure l'exécution quotidienne de toutes les décisions de l'Assemblée Générale, l'animation de toutes les activités qui peuvent être développées eu égard au programme arrêté. Les « Vitalistes » ou adeptes des Religions Traditionnelles Africaines sont encore attendus.

L'ACADIR a un site web : (www.acadir.com) et une *Newsletter* trimestrielle.

3. Les missions de l'ACADIR.

L'ACADIR a une triple mission :

1° Être une plateforme de dialogue entre les Religions.

2° Être une plateforme de dialogue entre les Religions et l'Etat.

3° Promouvoir la paix, la concorde et le progrès social au Cameroun.

L'Etat seul ne peut pas réguler la paix ; les armes seules non plus ne peuvent pas garantir la paix aux frontières nationales ; la paix, c'est l'affaire de tous et les religions ont aussi leur partition à jouer pour promouvoir et préserver la paix d'autant plus que la paix est d'abord un don de Dieu. De ces trois missions, le dialogue entre les Religions et l'Etat est encore embryonnaire voire timide à cause de la peur de l'État d'accueillir l'ACADIR comme un véritable partenaire de dialogue sans la taxer comme succursale ou suppôt d'un parti politique.

Car l'ACADIR est apolitique (Article 2).À cet effet, l'ACADIR doit poursuivre son lobbying auprès de l'Etat pour mieux expliquer ses actions et ses projets en évitant de se faire inféoder ou se faire récupérer par le politique. Mais dans le seul but de consolider la paix au Cameroun. L'ACADIR se veut également un organe de consultation pour tout ce qui concerne les aspects religieux et éthiques de la nation camerounaise.

4. Les réalisations de l'ACADIR.

1° Depuis sa création, l'ACADIR a tenu à renforcer les bases au niveau du Bureau National en organisant annuellement son Assemblée Générale (douze AG déjà).

Il se déploie dans trois domaines spécifiques:

- La Formation permanente des Leaders religieux, des Jeunes et des Femmes sur le dialogue interreligieux, la paix, la résilience et la cohésion sociale.
- L'Éducation de la jeunesse à travers un manuel scolaire ***« Les religions et le dialogue interreligieux au Cameroun»*** qui est en chantier et en imprimerie.
- La Sensibilisation du grand public à travers des conférences, des foras et des prières interreligieuses.

A titre d'exemples,

- En 2010 : ***« Le cinquantenaire du dialogue interreligieux au Cameroun »*** (le 10 mai).
- En 2012 : ***« Travailler pour la Paix au Cameroun, un défi pour les différentes confessions religieuses »*** (décembre).
- En 2014 : « ***La Paix par l'Éducation et le Dialogue*** » (novembre).
- En 2015 : ***« Nostra Aetate : 50 ans après. Amitié islamo-chrétienne pour un dialogue fraternel au Cameroun »*** (novembre).
- En 2017 : ***« L'urgence et les défis du dialogue interreligieux face à la montée des fondamentalismes et des radicalismes en Afrique subsaharienne »*** (mai à l'UCAC de Nkolbisson).
- En 2017, le Forum national des Religions au Cameroun sur le thème : ***« Chrétiens et Musulmans ensemble pour le dialogue social sur la situation dans les régions du Sud-Ouest et du Nord-Ouest »*** qui a mis sur pied un Comité de médiation interreligieux de quatre membres (décembre).
- En 2018, le Comité Interreligieux a fait plusieurs descentes sur le terrain dans les Régions du Nord-Ouest et du Sud-Ouest.
- En 2019, l'Atelier sur ***« La situation socio-politique dans les Régions du Nord-Ouest et du Sud-Ouest »*** qui a abouti à la création du Conseil National des Religieux au Cameroun pour la Paix(février).

- En 2019, l'ACADIR a été invité au Grand Dialogue National sous la présidence du Premier Ministre où elle avait eu l'insigne honneur de diriger les prières d'ouverture et de clôture (29/09 et 04/10).
- En février 2020, l'ACADIR a formé une trentaine d'encadreurs en dialogue interreligieux à Yaoundé ; en 2020, elle a aussi formé 50 « Ambassadeurs de Paix » dans le Sud-Ouest et le Nord-Ouest pour un total de 260 « Ambassadeurs de Paix » formés dans tout le pays.

2° **Durant la deuxième décade,** nos efforts portent sur la décentralisation à travers le développement organisationnel en créant et en installant les Antennes Régionales, les Comités Départementaux et les Cellules d'Arrondissements. Nous sommes à dix Antennes régionales dont huit seulement sont installées, celles de Maroua, de Yaoundé, de Bertoua, de Ngaoundéré, Garoua, Ebolowa, Bafoussam et Douala. Depuis trois ans, l'ACADIR célèbre la Journée internationale de la paix, le 21 septembre, par un culte interreligieux. L'année dernière, ce culte a été célébré dans chacune des régions abritant une Antenne.

Lors de l'Assemblée Générale en décembre 2019 tenue au siège du Conseil des Eglises Protestantes du Cameroun à Elig-Essono, l'ACADIR a décidé de se transformer en **« Conseil Camerounais pour le Dialogue Interreligieux »**. Comme innovations : le Conseil National des Religieux remplacera le Conseil Permanent et le Secrétariat Général prendra la place du Bureau Exécutif. Les nouveaux Statuts et le nouveau sigle « COCADIR » ont été adopté à l'Assemblée Générale le 17 décembre 2020 mais ils doivent d'abord recevoir le quitus officiel du Préfet du Mfoundi. Durant les assisses de décembre 2019, l'ACADIR est devenu membre du **« Conseil Africain des Leaders Religieux »** en abrégé ACRL-RfP dont le siège est à Nairobi au Kenya (*African Council of Religious Leaders – Religions for Peace* en Anglais).Ces réalisations ont été possibles grâce à notre partenaire financier catholique MISEREOR, une ONG allemande.

3° En perspective, le COCADIR projette dans un futur proche :

- La publication du manuel scolaire sur ***« Les religions et le dialogue interreligieux au Cameroun »*** qui sera testé dans les classes de seconde de six établissements pilotes dont deux catholiques, deux protestants et deux musulmans;
- La publication du Manuel de procédures administratives et financières ;
- L'institution d'une Journée nationale du Dialogue interreligieux ;
- Le lobbying auprès de l'Administration camerounaise (avec le MINAT, avec le MINJEC et avec le MINPROFF pour un partenariat) ;

- Le plaidoyer auprès de l'Assemblée Nationale du Cameroun et de l'Union Africaine afin d'être admise comme « Observateur Permanent ».

5. Notre proposition.

Pour une bonne cohabitation des religions présentent dans la ville de Yaoundé afin de promouvoir la justice et la paix, le dialogue interreligieux est une solution palpable. Considérant les missions, les réalisations, et les perspectives de l'ACADIR, **nous proposons cette plateforme comme cadre de dialogue interreligieux au Cameroun en général, et à Yaoundé en particulier. Parce qu'elle tient en compte les proximités et les distances des religions en son sein, l'ACADIR offre une plateforme de rencontre où les membres des différentes religions se parlent, s'écoutent et apprennent à vivre ensemble en se respectant mutuellement.** Après 14 années d'expériences de mise en œuvre du dialogue interreligieux, l'ACADIR a prouvé que son action et ses réalisations sont concrètes et ont contribué à apaiser le climat conflictuel qui existait entre les religions en dialogue au travers de sa plateforme dans la ville de Yaoundé. Nous proposons donc à toutes les religions présentent à Yaoundé de s'engager avec l'ACADIR pour la réalisation de ses objectifs.

A l'ACADIR, nous proposons de s'ouvrir aux Religions Traditionnelles Africaines et à solliciter du Gouvernement Camerounais des subventions pour la mise en œuvre de ses projets. L'ACADIR devra aussi améliorer sa communication en créant en son sein un Département de Communication.

L'ACADIR a son siège logé au sein de la CENC et c'est la Conférence des Evêques qui nomme toujours un Coordonnateur pour la CAT de l'ACADIR. Ceci pose un problème aux autres membres. Mais cette posture se justifie du fait que ce sont les bailleurs de fonds de l'Eglise Catholique qui financent les activités de l'ACADIR. Il serait donc souhaitable que tous les autres membres de l'ACADIR fassent des efforts pour emmener leurs bailleurs de fonds à financer aussi les activités de l'ACADIR.

Aux Protestants nous proposons aussi de créer une Département pour le dialogue interreligieux. Ceci permettra aux protestants d'avoir comme pour l'Eglise Catholique une structure qui s'occupe en permanence du suivi des relations islamo-chrétiennes. Pour Maud Lasseur[63] :

« Le *changement religieux rapide, souvent interprété comme un effet conjoint de la dégradation des conditions de vie de la population depuis les années 1980 et de la*

---

[63]Maud Lasseur, *Islam et christianisme en mouvement : mobilités géographiques et changement religieux au Cameroun, Espace, Populations, Sociétés*, 2010. 2-3, pp. 179-191. ATER, Université de Perpignan.maud.lasseur@gmail.com

transition démocratique de 1990-91, qui a ouvert l'espace public à l'activité de nouveaux acteurs, apparaît également inséparable de l'accélération et de la diversification des mobilités. Les migrations et les circulations, collectives ou individuelles, ont joué un rôle essentiel dans l'importation puis la diffusion des vagues pentecôtiste et réformiste au Cameroun. Ce sont en outre bien souvent des migrants qui, coupés de leur territoire ethnoculturel d'origine, sont apparus les plus enclins à la conversion. Cet ensemble d'interrelations entre changement religieux et transformation des circulations physiques sera ici observé au niveau transnational puis à l'échelle infranationale.»

Dans l'expérience du dialogue, il se constitue entre autrui et moi un terrain commun, ma pensée et la sienne ne font qu'un seul tissu, mes propos et ceux de l'interlocuteur sont appelés par l'état de la discussion, ils s'insèrent dans une opération commune dont aucun de nous n'est le créateur. Il y a là un être à deux, et autrui n'est plus ici pour moi un simple comportement dans mon champ transcendantal, ni d'ailleurs moi dans le sien, nous sommes l'un pour l'autre collaborateur dans une réciprocité parfaite, nos perspectives glissent l'une dans l'autre, nous coexistons à travers le même monde. Pour M. MERLEAU-PONTY :

« *dans le dialogue présent, je suis libéré de moi-même, les pensées d'autrui sont bien des pensées siennes ce n'est pas moi qui les forme, bien que je les saisisse aussitôt nées ou que je les devance, et même l'objection que me fait mon interlocuteur m'arrache des pensées que je ne savais pas posséder, de sorte que si je lui prête des pensées, il me fait penser en retour. C'est seulement après coup, quand je me suis retiré du dialogue et m'en ressouviens, que je puis le réintégrer à ma vie, en faire un épisode de mon histoire privée, et qu'autrui rentre dans son absence, ou, dans la mesure où il me reste présent, est senti comme une menace pour moi.* »[64]

Le dialogue entre les religions est nécessaire pour une convivialité entre elles. Selon le théologien du dialogue interreligieux Jacques Dupuis[65] :

« *dans ce dialogue, les chrétiens ne peuvent dissimuler leur propre foi en Jésus-Christ. En revanche, ils reconnaîtront à leurs partenaires qui ne partagent pas leur foi, le droit et le devoir imprescriptible de s'engager dans le dialogue en maintenant leurs convictions personnelles et même les revendications d'universalité que peut contenir leur foi. C'est dans cette fidélité aux convictions personnelles d'égales à égales, non*

---

[64]M. MERLEAU-PONTY, *Phénoménologie de la perception*, Paris, Gallimard, 1976 p. 407.
[65]J. DUPUIS, *La Rencontre du Christianisme et des Religions*, Paris, Cerf 2002 p. 574; Voir aussi. *Vers une Théologie du dialogue religieux*, Paris, Cerf, 1997, 658 p.

négociables, acceptées concrètement par tous, que le dialogue interreligieux a lieu d'égal à égal.»

Nous sommes d'avis avec le théologien Tanzanien Laurenti Magesa[66]qui écrit:

« le dialogue est aussi indispensable pour la justice et la paix. La coexistence n'est pas possible sans dialogue. La justice et la paix ne le sont pas. La coexistence n'implique pas nécessairement un contact et un échange entre personnes. La justice et la paix sont les caractéristiques de l'être humain. Fondées sur le contact et l'échange mondial, elles nécessitent le dialogue (...) Cependant, avant d'être efficaces et chrétiennes, elles doivent être le résultat d'un besoin et d'un désir véritable de se rapprocher d'autres peuples sur la base d'une dignité égale en tant que voisines.»

Pour Éloi Messi Metogo[67], corroborant cette idée, affirme que la nouvelle mission de l'Église consiste désormais à rendre témoignage à l'Évangile dans le respect de ceux qui appartiennent à d'autres traditions religieuses ou qui sont sans religion. Dans la ligne de Vatican II, l'Église est le sacrement de salut pour les nations et un signe du Royaume de Dieu. L'Église n'est pas le Royaume, elle est à son service. Il appuie sa pensée de C. Geffré "Mission Sans Frontière. C'est dans ce cadre que se situe la récente déclaration de Mgr Samuel Kléda[68] devant l'assemblée des évêques du Cameroun :

« nous avons pris conscience, soit par des exposés, soit par des allocutions et les échanges entre nous, du danger d'un soulèvement populaire qui risque d'embraser le pays, et dont les émeutes du mois de février ont été le signal d'alarme. Faudrait-il attendre que les choses soient compromises et irrémédiables pour agir ? Nul d'entre nous ne le souhaite. Si nous avons eu le courage de condamner les dérapages, les pertes en vies humaines et les destructions du patrimoine, nous avons le devoir moral et spirituel de reconnaître le malaise qui a conduit à de tels actes, et aider les autorités politiques, civiles et militaires, à assumer leurs responsabilités. La cohésion sociale et la paix dont nous parlons tant sont à ce prix là (....) nous restons convaincus que seul l'esprit du dialogue, de la réconciliation, du respect de l'autre, reste la seule voie à promouvoir. Que ceux qui exercent le pouvoir dans ce pays, ceux sur qui pèse la responsabilité du bien commun de ce pays, acceptent d'analyser avec objectivité la situation politique que nous vivons en ce moment et de regarder en face les vrais problèmes que chaque Camerounais rencontre aujourd'hui : le

[66]L. MAGESA, *Le catholicisme africain en mutation*, Yaoundé, Éd. CLE, 2001, p.144.
[67]Éloi Messi Metogo, *Dieu peut-il mourir en Afrique*? Paris, Karthala, 1997, pp. 317-318.
[68] Mgr Samuel Kléda*« Appel à la solidarité et à l'entraide au sein de notre Église »* dans www.leffortcamerounais.info/2008/04/mgr-samuel-klda.html

chômage des jeunes, les prix des denrées alimentaires inaccessibles au revenu moyen de la plupart des familles camerounaises et la corruption qui freinent tout vrai développement économique. Apporter des solutions à ces différents problèmes, voilà la voie de la paix(...) Notre pays traverse une des phases les plus délicates de son histoire. Les émeutes du mois de février dernier qui ont fait un nombre important de morts et de dégâts matériels constituent une illustration. Il est très urgent de prendre des moyens pacifiques pour éviter à l'avenir que ces tristes événements ne se reproduisent. Pour cela, il s'agit de bâtir un Cameroun juste qui assure à chaque Camerounais les conditions de son plein épanouissement et l'opportunité de contribuer activement au développement de son pays. Comme nous l'avons fait dans la lettre adressée à tous les Camerounais au moment des troubles, nous tenons à relever pour le condamner fermement tout recours à la violence comme moyen d'expression ou moyen d'amener la paix.»

Conclusion partielle.

Certes beaucoup a été fait et réalisé par l'ACADIR en une quinzaine d'années d'existence, ne dit-on pas *« Aux âmes bien nées, la valeur n'attend point le nombre des années »*. Dans le Septentrion, la secte islamiste BokoHaram a été une chance pour le dialogue interreligieux, elle a permis aux Communautés de foi de se mobiliser et de collaborer pour l'accueil et l'encadrement des réfugiés Nigérians et des déplacés internes; chose impensable il y a une quinzaine d'années. Grâce à la crise socio-politique dans les régions du Nord-Ouest et du Sud-Ouest, le Conseil National des Religieux est né. Mais, il faut le reconnaitre aussi humblement beaucoup reste encore à faire et même à parfaire. Je prends pour preuve l'interpellation faite à l'ACADIR par l'*« International Crisis Group »*, ONG spécialisée sur la prévention des conflits dans le monde et basée à Bruxelles en Belgique, dans son Rapport Afrique N° 229 du 3 septembre 2015 intitulé *« Cameroun : Menaces du radicalisme religieux »*.

Ce travail à parfaire s'effectuera dans trois directions : *Primo* l'ouverture aux autres partenaires du dialogue tels que les Eglises pentecôtistes et évangéliques pour un travail en synergie car *« l'union fait la force ». Secundo* la collaboration avec l'Etat du Cameroun pour que l'ACADIR soit enfin reconnu comme un organe de consultation pour tout ce qui concerne les aspects religieux et éthiques de la vie de la Nation ; et enfin *tertio* la participation financière des autres Communautés de foi aux activités de l'ACADIR car sans financement subséquent, nous ne pouvons pas réaliser à merveille tous nos programmes et atteindre les objectifs fixés tels que l'acquisition d'un immeuble siège à Yaoundé. L'ACADIR contribue ainsi au

Cameroun d'une part au développement de la paix et l'entente entre les religions pour un vivre ensemble paisible en les communautés de foi, et d'autre part entre l'Etat et les religions.

CONCLUSION GENERALE.

La convivialité entre les religions au Cameroun depuis les temps de l'indépendance est marquée par la mobilité des populations et du prosélytisme des religions en présence au Cameroun. Le panorama des religions tel que nous l'avons identifié dans la ville de Yaoundé n'est pas exhaustif tel que nous l'avons présenté dans ce Mémoire. Certainement d'autres tendances de religions s'y trouvent et nous ont échappées. Toutefois, parmi les religions qui ont pignon sur rue dans la ville de Yaoundé, nous en avons identifié quatre grands groupes : le Christianisme, l'Islam, les Nouveaux Mouvements Religieux et les Religions Traditionnelles Africaines. Chacune de ces religions qui œuvrent dans la ville de Yaoundé se livre à un prosélytisme outrant, à l'exception des Religions traditionnelles Africaines. Les conditions socio-économiques aidant, chacune de ces religions pour se maintenir doit jouer sa partition en élaborant des stratégies pour gagner des fidèles à sa religion d'une part, et d'autres parts, chacune fait face au défi de maintenir ses fidèles dans sa chapelle au risque élevé de les perdre parce qu'ils sont tenté d'aller voir ailleurs. Le développement d'un dialogue interreligieux où les acteurs ne se mélangent pas mais reconnaissent dans la religion de l'autre un véritable interlocuteur, partenaire ou concurrent, n'est sans doute pas étranger à ce phénomène. Par la reconnaissance de leurs proximités et de leurs distances, ces religions entrent dans un dialogue constructif. Cette reconnaissance mutuelle, qui n'a d'ailleurs pas concerné les religions autochtones de statut mineur, puisque dans leur cas on n'a jamais parlé de dialogue interreligieux, s'est construite au cours du XXe siècle dans une élaboration progressive répondant aux crises conjoncturelles. Beaucoup a été fait et réalisé par l'ACADIR en une quinzaine d'années d'existence, ne dit-on pas *« Aux âmes bien nées, la valeur n'attend point le nombre des années »*. Dans le Septentrion, la secte islamiste BokoHaram a été une chance pour le dialogue interreligieux, elle a permis aux Communautés de foi de se mobiliser et de collaborer pour l'accueil et l'encadrement des réfugiés Nigérians et des déplacés internes; chose impensable il y a une quinzaine d'années. Grâce à la crise socio-politique dans les régions du Nord-Ouest et du Sud-Ouest, le Conseil National des Religieux est né.

Dans l'expérience du dialogue, il se constitue entre autrui et soi un terrain commun, notre pensée et la sienne ne font qu'un seul tissu, nos propos et ceux de l'interlocuteur sont appelés par l'état de la discussion, ils s'insèrent dans une opération commune dont aucun de nous n'est le créateur. Il y a là un être à deux, et autrui n'est plus ici pour moi un simple comportement dans mon champ transcendantal, ni d'ailleurs moi dans le sien, nous sommes l'un pour l'autre collaborateur dans une réciprocité parfaite, nos perspectives glissent l'une dans l'autre, nous coexistons à travers le même monde.

Pour terminer, considérant les missions, les réalisations, et les perspectives de l'ACADIR, nous proposons cette plateforme comme cadre de dialogue interreligieux au Cameroun en général, et à Yaoundé en particulier. Parce qu'elle tient en compte les proximités et les distances des religions en son sein, l'ACADIR offre une plateforme de rencontre où les membres des différentes religions se parlent, s'écoutent et apprennent à vivre ensemble en se respectant mutuellement. Après 14 années d'expériences de mise en œuvre du dialogue interreligieux, l'ACADIR a prouvé que son action et ses réalisations sont concrètes et ont contribué à apaiser le climat conflictuel qui existait entre les religions en dialogue au travers de sa plateforme dans la ville de Yaoundé. Au nom du dialogue entre les religions, du vivre ensemble et du manger ensemble, devenons des mendiants de la paix, des hommes et des femmes épris de la paix et de la justice entre les hommes.

BIBLIOGRAPHIE SELECTIVE.

1. Versions de la Bible.

- Bible de Jérusalem, Paris, Cerf / Verbum Bible, 1986.
- Bible Scofield : Version revue, Genève, La société Biblique de Genève, 1975.
- Bible TOB, Edition Intégrale, Paris, Cerf, 1989.
- La Sainte Bible, Louis Segond 1910, Edition Revue avec Références, Alliance Biblique Universelle, 2008.

2. Versions du Coran.

- Le Coran et la traduction du sens de ses versets, Éditions Tawbah, 01 avril 2021.
- Le Coran, BLACHERE. R (traduction), Paris, G.-P. Maisonneuve et Larose, 1966.
- Le Coran, traduction nouvelle 2vol, Paris, G.-P. Maisonneuve et Larose, 1949-1950.

3. Dictionnaires.

- Collectif Dictionnaire Encarta, 2009.
- Dictionnaire Le Littré 2.0, Murielle Descerisiers, 2009.
- WESTPHALL B, *Dictionnaire encyclopédique de la Bible Tome 2*, Valence-sur-Rhône, Imprimerie Réunies, 1935.

6. Encyclopédies.

- Jean Claude BASSET, « Religion et religions », in Encyclopédie du protestantisme, Paris, Edition du Cerf, 1995.
- Jacques BERSANI, *Le Grand Atlas Universalis des Réligions*.
- Hans SCHWEIZER, Charles BALADIER, EncyclopaediaUniversalis France S.A., 1988.
- S. BEYROUTH, *Lisan Al Arabe*, Vol IV, 1990.

5. Ouvrages spécialisés.

- DANIEL A. *Vivre l'éthique de Dieu. L'amour et la justice au quotidien*. Saint- Légier, Emmaüs, 2010.
- GILCHRIST J. *Face au défi musulman. Manuel d'apologétique chrétiens/musulmans*, Abidjan, CPE, 2007.
- Gilles KEPEL, *Jihad, expansion et déclin de l'islamisme*, Éditions Gallimard, 2000.
- Hamadou ADAMA, *L'islam au Cameroun, entre tradition et modernité*, Editions de l'Harmattan, 2004.
- J. GIRMARDI, *Dialogue et révolution*, les Editions du Cerf, 29, Boulevard Latour-Maubourg, Paris VII, 1969.

- Jacques DEPUIS. *La rencontre du christianisme et des religions. De l'affrontement au dialogue*. Paris, Les Editions du Cerf, 2002.
- Jean Claude BASSET. *Le dialogue interreligieux,* Paris, Les Editions du Cerf, 1996.
- Jean Claude BASSET et JOHNSON S. D, (dir). *Les chrétiens et la diversité religieuse*. Paris. Karthala. 2011.
- Laurent OGOUBY. *Les religions dans l'espace public au Bénin. Paris, L'Harmattan, 2008.*
- Mahmoud HUSSEIN. *Penser le Coran*. Paris, éd. Bernard Grasset, 2009.
- Rifact EL-SAÏDE, Muhammad SAÏD AL-ASHMAWY, Khalil ABDEL KARIM, *CONTRE l'intégrisme islamique*, Editions Maisonneuve et Larose, Dal el Amal, 1994.
- TOR ANDRAE, *Mahomet, sa vie et sa doctrine*, Librairie d'Amérique et d'orient, Adrien, Maisonneuve, Paris, 1984.

6. Ouvrages généraux.

- Abbé Etienne ETOUNDI ESSAMA, Coordinateur de la CAT / ACADIR et Président du Bureau Exécutif de l'ACADIR, Bertoua, le 10 mars 2021.
- Alain Ruben GWET, *le Pentecôtisme au Cameroun*, de 1952 à 1980, Tome 1, p. 280.
- Amir HOSSEIN MEHDIZADEH, *Entretien personnel, Responsable de l'administration, International Institute for Dialogue among Cultures and Civilizations*, Téhéran, 9 août 2008.
- Christophe PONS (dir.), *Jésus, moi et les autres. La construction collective d'une relation personnelle à Jésus dans les églises évangéliques : Europe, Océanie, Maghreb*, Paris, CNRS Éditions, 2013. *Comment cohabiter ? Prosélytisme et dialogue: les religions entre elles,* Meta-systems - 17-06-13 14:43:50 FL1769 U000 - Oasys 19.00x - Page 776 - E1, *Dieu une enquête* - Dynamiclayout 152x × 240x.
- Christophe PONS, avec la collaboration d'Anne-Sophie LAMINE, Abderrahmane MOUSSAOUI et Sébastien TANK-STORPER, dans *ATTIAS* Jean-Christophe et Esther BENBASSA, *Dictionnaire de civilisation juive*, Paris, Larousse, 1997, du Meta-systems - 17-06-13 14:43:55, FL1769 U000 - Oasys 19.00x - Page 829 - E1, *Dieu une enquete - Dynamiclayout* 152x × 240x. *Prosélytisme et dialogue* | 827.
- Crisis Group, *Cameroun : la menace du radicalisme religieux*, Rapport Afrique de Crisis Group N°229, 3 septembre 2015, page ii.

- Éloi MESSIMETOGO, *Dieu peut-il mourir en Afrique*? Paris, Karthala, 1997, pp. 317-318.
- François HARTOG, *les religions comme objet de savoir, le Grand Atlas des Religions*, Encyclopaedia Universalis, France S.A, 1988, p.44.
- H. KUNG, *Projet d'éthique planétaire. La paix mondiale par la paix des religions*, Paris, Seuil, 1990, p. 175.
- H. Poulain, "*Les Nouveaux Mouvements Religieux*", L'Atlas des religions…, p. 114.
- Hollenweger, *no 1 de « l'Église de Dieu » de Cleveland et des Assemblées de Dieu* pp. 514, 517, p. 518,

7. Article de Revue.

- 53/243. Déclaration et Programme d'action sur une culture de la paix, RÉSOLUTIONS ADOPTÉES PAR L'ASSEMBLÉE GÉNÉRALE, A/RES/53/243, 6 octobre 1999.

8. Logiciels et Sites Internet.

- http://epublications.unilim.fr/revues/as/5548, Massimo LEONE, *Métaphysique » et « physique » de la liberté religieuse dans la philosophie sémiotique du sens*, consulté le 21/02/16 08:08.
- http://epublications.unilim.fr/revues/as/5548, Jean-Paul Petitimbert, *La liberté religieuse comme praxis énonciative*, Centre de Recherches Sémiotiques, université de Limoges, consulté le 21/02/16 08:08.
- http://epublications.unilim.fr/revues/as/5548Eric Landowski, *De la cohabitation entre les religions, Actes Sémiotiques*, Publié en ligne le 15 février 2016.
- http://epublications.unilim.fr/revues/as/5548Massimo LEONE, « Métaphysique » et « physique » de la liberté religieuse dans la philosophie sémiotique du sens, in De la cohabitation entre les religions, p.5.
- https://fr.wikipedia.org/wiki/Yaound%C3%A9, le 03/04/2021 à 15:42.
- www.leffortcamerounais.info/2008/04/mgr-samuel-klda.html Mgr Samuel Kléda *«Appel à la solidarité et à l'entraide au sein de notre Église* ».

9. Thèses et Mémoires.

- **BEGUEC. A et al**, Qu'est-ce que l'actualité? Mémoire de recherche, ENSSIB, 2005.
- **Laurent OGOUBY**, *Islam et Christianisme dans la ville de Porto-Novo au Sud Benin*, Mémoire de Maitrise, Faculté de Théologie Protestante, Yaoundé, juin 1994.

- **Lucas MOUNDE,** *Le christianisme face à l'influence des tendances de l'Islam dans le Noun de 1920 à nos jours,* Mémoire de maitrise, Faculté de Théologie Protestante, Yaoundé, 2003.
- **Matthieu BOUBA,** *Les problèmes religieux dans l'Extrême-Nord du Cameron : le cas de Mofou*, Mémoire de maitrise, Faculté de Théologie Protestante, Yaoundé, 1994.
- **MOULIOM. N**, *Vers un dialogue islamo-chrétien : le cas du Noun Cameroun*, Mémoire de Maitrise, Faculté de Théologie Protestante, Yaoundé, juin 1992.
- **Njeuma M.Z.,** *Fulani Hegemony at Yola (old Adamoua) 1809-1902*, Yaoundé, CEPER, 1978.
- **Njoya N.,** « Naissance et Evolution de l'Islam en pays Bamum », Thèse de Doctorat de 3è cycle en Histoire, vol. I, Université de Paris I, 1981.
- **OGOUMA. E**, *Le dialogue interreligieux au Benin : le cas du mahométisme et du christianisme*, Thèse de doctorat, Faculté de Théologie Protestante, Yaoundé, juin 2014.
- **OUMAROU. S**, *La problématique de la cohabitation islam-chrétienne dans la ville de Maroua,* Mémoire de licence, Faculté de Théologie Protestante, Yaoundé, 2009.
- **Vitalice MBUEDA TCHOUATA**, La méthode du journalisme professionnel comme moyen efficace pour la promotion du dialogue interreligieux dans la ville de Yaoundé, Mémoire de Licence à la FTPSR, UPAC, juin 2020.

Table des matières

ANNEXES

Annexe 1 : Canevas de Célébration Interreligieuse (1h ou 60 min).

1-. Cérémonie d'ouverture

- Chant de Procession (1)
- Procession des concélébrants
- Mot d'accueil ou d'introduction
- Chant d'entrée (2)

2-. Prise de parole des Leaders religieux

a- Musulmans : Parole de Dieu + commentaire (10min)

- Chant de méditation(3)

b- Orthodoxes : Parole Dieu + commentaire (10min)

-Chant de méditation (4)

c- Protestants : Parole Dieu + commentaire (10min)

-Chant de méditation (5)

d- Catholiques : Parole Dieu + commentaire (10min)

-Chant de méditation (6)

3-. Prière Universelle

- Pour la Paix +Refrain
- Pour la justice + Refrain
- Pour les autorités Politiques et administratives+ Refrain
- Pour les Refugiés et les personnes en déplacement+ Refrain…

4-. Bénédictions finales

- Musulmans
- Orthodoxes
- Protestants
- Catholiques
- Chant final (7)*

(*) Nombre de chants à repartir entre les différentes chorales.

Annexe 2 : Célébration Interreligieuse lors de la veillée sur Marie et pour la paix, l'unité et le développement durable du Cameroun et de nos familles le 31 août 2018.

<u>**Thème**</u> : paix et unité dans la foi de Dieu.

1. Cérémonie d'ouverture

- Chant de Procession (1): **Chant de chorale (Nsimalen)**
- Procession des concélébrants.
- Mot d'accueil ou d'introduction:Pasteur MBOG BAYA Jean Moïse, Secrétaire Général de l'ACADIR du Centre.
- Chant d'entrée (2) : **Chant de chorale (Nsimalen)**

2-. Prise de parole des Leaders religieux

a. Musulmans : Parole de Dieu + commentaire en français et anglais. **Cheik Oumarou MALAM NJIBRING : la sécurité des hommes et des biens au Cameroun** (10min).

- Chant de méditation (3) : **Chant de chorale (Nsimalen).**

b. Orthodoxes : Parole Dieu + commentaire. **Père BESSALA Jean des Grecs: l'unité des chrétiens** (10min).

-Chant de méditation (4) : **Chant de chorale (Nsimalen).**

c. Protestants : Parole Dieu + commentaire. **Pasteur MBOUA LIKENG Jean de Jaurès: la paix au Cameroun.** (10min).

-Chant de méditation (5) :**Chant de chorale (Nsimalen).**

d. Pentecôtistes : Parole Dieu + commentaire. **Rév. ETAME Alice Léatitia : Marie, une maman pour la paix dans le monde**. (10min)

- Chant de méditation (6) : **Chant de chorale (Nsimalen).**

e. Catholiques : Parole Dieu + commentaire. **Mgr l'Archevêque de Yaoundé ou Curé de Nsimalen.** (10min)

3-. Prière Universelle

- Chant de méditation (7) : **Chant de chorale (Nsimalen)**
  - Pour la Paix +Refrain : Mme Mballa ZE
  - Pour la justice + Refrain :
  - Pour les autorités Politiques et administratives+ Refrain :
  - Pour les réfugiés et les personnes en déplacement + Refrain :
  - Pour l'unité nationale +Refrain :
  - Pour la sécurité nationale +Refrain :
  - Pour les élections au Cameroun +Refrain :
  - Pour le dialogue autour des préoccupations nationales+Refrain :

4- Offrandes / Quête : Pasteur Julienne NGO UM

- Chant des offrandes (8) : **Chant de chorale (Nsimalen).**

5. Mot du Recteur de la paroisse.

- Annonces (Remerciements)

6. Bénédictions finales

- Musulmans : Cheik Oumarou MALAM NJIBRING, Président du Conseil Permanent ACADIR.
- Orthodoxes :père BESSALA Jean.
- Protestants :Rév. Abraham Frank LIMBOHO, Modérateur du Consistoire Mvangane, Synode Sud, EPC.
- Pentecôtistes :...
- Catholiques :...
- Chant final (9) : **Chant de chorale (Nsimalen).**

(N.B :) Nombre de chants à repartir entre les différentes chorales.

Annexe 3 : Quelques citations sur la paix.

« Que pouvez-vous faire pour promouvoir la paix dans le monde ? Rentrer chez vous et aimer votre famille ! » **Mère Teresa**.

« Insistons sur le développement de l'amour, la gentillesse, la compréhension, la paix. Le reste nous sera offert. » **Mère Teresa**.

« Ceux qui aiment la paix doivent apprendre à s'organiser aussi efficacement que ceux qui aiment la guerre. » **Martin Luther King**.

« Les Membres de l'Organisation règlent leurs différends internationaux par des moyens pacifiques, de telle manière que la paix et la sécurité internationales ainsi que la justice ne soient pas mises en danger. [Ils] s'abstiennent, dans leurs relations internationales, de recourir à la menace ou à l'emploi de la force, soit contre l'intégrité territoriale ou l'indépendance politique de tout État, soit de toute autre manière incompatible avec les buts des Nations Unies. » **Charte des Nations-Unies, Article 2**.

« Tout acte d'amour est une œuvre de paix, si petit soit-il. » **Mère Teresa**.

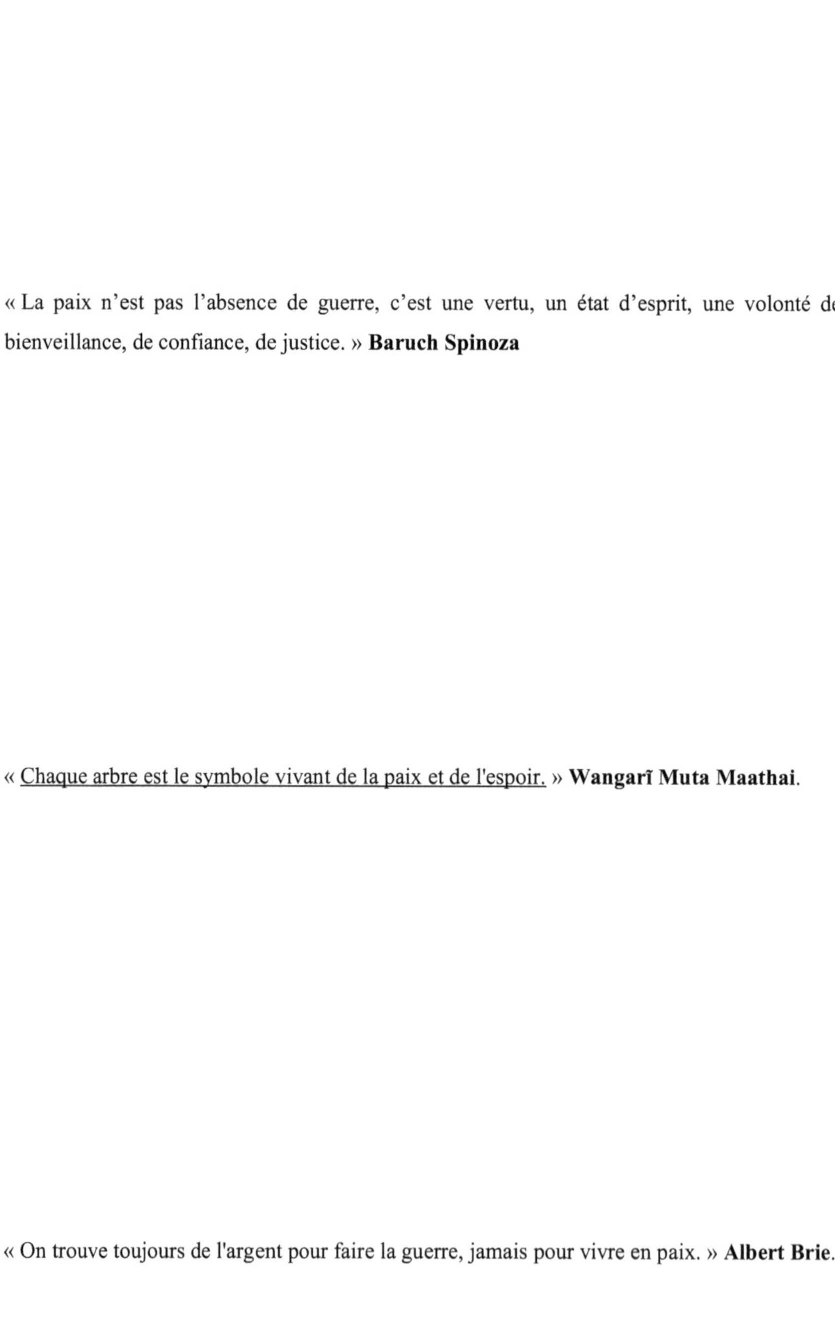

« La paix n'est pas l'absence de guerre, c'est une vertu, un état d'esprit, une volonté de bienveillance, de confiance, de justice. » **Baruch Spinoza**

« Chaque arbre est le symbole vivant de la paix et de l'espoir. » **Wangarĩ Muta Maathai**.

« On trouve toujours de l'argent pour faire la guerre, jamais pour vivre en paix. » **Albert Brie**.

« Pour faire la paix avec un ennemi, on doit travailler avec cet ennemi, et cet ennemi devient votre associé. » **Nelson Mandela**.

« Le monde ne sera pas détruit par ceux qui font le mal, mais par ceux qui les regardent sans rien faire.» **Albert Einstein**.

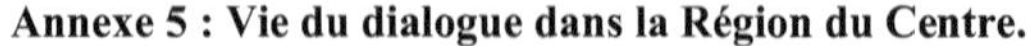

Annexe 5 : Vie du dialogue dans la Région du Centre.

<u>Objectif général</u> : redynamisation, appui au développement organisationnel et au fonctionnement de l'ANTENNE Régionale de l'ACADIR-Centre.

<u>Objectifs spécifiques</u> :

1. Développer l'autonomie organisationnelle de l'Antenne régionale d'ici 2020 ;

2. Renforcer les capacités des membres dans la vie du dialogue interreligieux dans le Centre ;
3. Installer les Comités départementaux de la Région du Centre ;
4. Mobiliser les communautés de foi membres de l'ACADIR de la Région du Centre à participer aux activités de l'Antenne ;
5. Aider à la structuration et à la mobilisation des capacités particulières afin d'accompagner les jeunes et les femmes dans l'élaboration de leurs projets et à leurs mises en œuvres.

Missions :

- ✓ "Parce que l'Antenne Régionale du Centre se situe au cœur de la capitale politique du Cameroun, Yaoundé, votre responsabilité est immense. Ce que vous mènerez ici comme actions, donnera matière à tout ce qui se passera au Cameroun dans le domaine du dialogue interreligieux." A dit le Président du Bureau Exécutif, le Prof. Jean Paul MESSINA lors de l'installation de l'Antenne du Centre le 16 février 2016.
- ✓ Mettre en place un système de bonne gouvernance, gage de toute réussite dans la vie de la plate-forme. Gestion rationnelle dans les moyens qui seront mis à la disposition de l'Antenne Régionale. Les finances devront être utilisées dans la transparence, l'équité, le dialogue, la concertation.

Activités à mener :

1. Avoir des locaux servant de bureaux de l'Antenne à Yaoundé ;
2. Payer les charges liées au fonctionnement de ces locaux ;
3. Mobiliser un fund raising autonome pour les activités de l'AR ;
4. Élaborer un règlement intérieur de l'ARC ;
5. Ouvrir un compte bancaire dans une institution financière de la place ;
6. Définir le rythme des rencontres (jours, lieux et heures de rencontre) ;
7. Installer des Comités départementaux en 2019 ;
8. Organiser des ateliers de renforcement des capacités des membres au dialogue interreligieux, aux TIC et à l'outil ROMA ;
9. Former les femmes et les jeunes de la Région aux AGR ;
10. Sensibiliser les fidèles à l'intérieur des communautés de foi au dialogue interreligieux ;
11. Présenter l'ACADIR auprès des autorités Administratives de la Région du Centre ;
12. Organiser une excursion ou colonie interreligieuse en fin d'année ;
13. Organiser des célébrations des cultes interreligieux ;
14. Élaborer un répertoire des membres ;

15. Transmettre les rapports d'activités de l'AR au Bureau Exécutif et à la CAT.

Défis et difficultés rencontrés

1. Faibles ressources financières de l'AR ;
2. Absence de formation des membres du Bureau de l'AR en fund raising ;
3. L'indisponibilité de nos personnes ressources pour la facilitation des contacts sur le terrain ;
4. Pas assez du temps pour s'assoir et réfléchir sur l'élaboration d'un règlement intérieur de l'ARC ;
5. Faiblesse financière et indisponibilité des membres pour l'ouverture d'un compte bancaire ;
6. Indisponibilité des Évêques pour l'accompagnement du Bureau de l'AR pour la création des Comités départementaux ;
7. Absence de ressources financières pour le renforcement des capacités des membres ;
8. Absence de stratégies pour la sensibilisation des fidèles à l'intérieur des communautés de foi au dialogue interreligieux ;
9. Absence de ressources financières pour financer la présentation de l'ACADIR auprès des autorités Administratives de la Région du Centre ;
10. Besoin de l'appui technique de la CAT pour organiser une excursion ou colonie interreligieuse en fin d'année ;

Leçons tirées

1. Ne pas faire du copier-coller dans l'animation des activités de l'AR en se basant sur ce qui se fait ailleurs. Les réalités de terrain dans la Région du Centre sont différentes des autres Régions. Considérer l'axe peul-bétis.
2. Les membres sont volontaires pour la réalisation des objectifs de l'AR, mais les activités à mener ne sont pas bénévoles, elles sont onéreuses.
3. L'amélioration de la communication entre les instances enlève le poids des suspicions inutiles dans les cœurs des membres.
4. Besoin de plus de ressources financières pour la réalisation des activités de l'AR.
5. Savoir tenir compte des sensibilités de la communauté musulmane.

Culte interreligieux au Lycée Général Leclerc le jeudi 20 décembre 2018

Sanctuaire Marial de Nsimalen : paix et unité dans la foi de Dieu. Table ronde sur Marie Reine de la Paix, figure dialogale et socle d'inter culturalité, d'inter religiosité, d'œcuménisme et de missionnarité développementale.

VIE DU DIALOGUE DANS LA REGION DU CENTRE

Depuis le début d'année 2019, l'Antenne du Centre a organisé et participé à plusieurs événements dans le cadre de la promotion du dialogue interreligieux dans la région du Centre. Par ce papier, trouvez en images quelques célébrations interreligieuses illustrées.

Culte interreligieuse à l'occasion de la commémoration du 2ème anniversaire de l'accident ferroviaire d'Eséka, le 27 octobre 2018 à Oyomabang. Culture de paix et unité des victimes.

Atelier pour l'installation Comité Lekié à EMANA par Obala 05 février 2019

Journée international de la femme 2019

Culte interreligieux à Obala le 24 mai 2019

Le thème retenu est : Unité Nationale et diversité : histoire, fondements et enjeux dans le contexte sociopolitique du Cameroun.

Paix avec les femmes

Culte interreligieux pour l'unité nationale du Cameroun le 25 mai 2019. La paroisse Sainte Famille de NKOAYOS à EKOUNOU.

Thème: Unité dans la diversité, atout majeur du peuple camerounais dans sa marche résolue vers l'émergence.

Avec nos mamans

Mbalmayo, atelier d'évaluation ACADIR

Culte interreligieux pour la paix au Cameroun au boulevard organisé par le MINPROF le 01 juin 2019.

Le dialogue comme mode de vie entre les confessions religieuses dans le Centre

Silence, nous prions.

Printed by Books on Demand GmbH, Norderstedt / Germany